トランジション

transition

何があっても生きていける方法

松本紹圭＋三浦祥敬
matsumoto shokei miura yoshitaka

春秋社

はじめに

この世のすべては変化する。不変のものは何ひとつない。

ブッダが説いたこの真理が、今ほど実感される時代がかつてあったでしょうか。AIやバイオテクノロジーといった科学技術を中心に、あらゆる分野で変化の速度が等比級数的に増しています。一方、これまで年金をはじめ社会の安定を支えてきたさまざまな公的システムは制度疲労を起こして信頼が揺らぎ、変化をリードする人々と取り残された人々の分断は広がるばかりです。医療の進歩によって飛躍的に伸びた人間の平均寿命は、やがて一〇〇歳を射程に捉える勢いで伸びていますが、深刻な環境破壊の危機にある地球人類に残された時間は、あと一〇〇年を切るとも言われます。ゴーギャンの作品のタイトルにもある「我々はどこから来たのか　我々は何者か　我々はどこへ行くのか」という人間の根本的な問いに、誰もが真剣に向き合わなければならないときが来たようです。

「トランジション」とは、一切が変化し続けるこの世界を生きる、私たち一人一人の内面に起きる変化のこと。かつて今よりもっと社会の変化が緩やかだった時代にも、進学、就職、結婚、子どもの誕生……といった人生の外的な変化が起こるたびに、人は自分が何者であるかを確認し、内面的な変化すなわちトランジションを経験してきました。今の子どもたちが大人になる頃には、彼らの半数以上がまだ存在していない仕事につくだろうと予想されています。まったく先の読めない劇的な外的変化に翻弄されて、内的なトランジションが思うように進まず、自分の心が置き去りにされるような不安を抱える人も少なくありません。一人の人が人生で経験しなければならないトランジションの数も難易度も増しているのに、それを乗り越えるために必要な場や技法はまだ十分に吟味されていないのではないでしょうか。

この本はそんな問題意識を共にする、松本紹圭と三浦祥敬の対話から生まれた本です。松本は仏教の僧侶、三浦さんはトランジションをテーマとする研究者の立場から、互いに良き友人として、トランジションを巡って書き下ろした共著です。三浦さんが積極的に二十代の同世代の仲間にインタビューするなど、手足を使って丁寧に材料作りをしてくださったこともあって、特に現代の日本社会を生きる同世代の仲間たちが持つ具体的な悩みや課題を掘り下げることができました。劇的な外的変化に対応し、どんな変化を内面で起こしていくか。思うところある方は、ぜひお読みください。対話のたびに盛り上がって二人のトランジションが進むため、内容が毎回ひっくり返って編集者さんを困らせましたが、ようやくこの平成から令和へと元号が変わるタイミングで形にできたこと、心よりありがとうございます。

いきなり期待を裏切るかもしれませんが、この本には、目新しいことや、奇をてらったものは、特に出てきません。ひととき話題になっても三年後には消えてなくなってしまうようなものが、長い人生のトランジションにおいて本当に役立つとは思えないからです。「何があっても生きていける方法」という副題には、何か今までにないまったく新しい技術ではなく、ここ日本で昔から数えきれないほどの先人たちに確かめられ受け継がれてきた思想と実践を大切に、人生のトランジションを捉えていこうという気持ちを込めました。

この本があなたの人生のトランジションに役立てるなら、とても嬉しいです。

松本紹圭

トランジション——何があっても生きていける方法　目次

第五章　垂直的トランジションという生きる技法　171

トランジション——何があっても生きていける方法

第二章イラスト　森　紗都子
第五章イラスト　三浦祥敬

第一章　おそれなき世界へ（僧侶・松本紹圭）

「我慢教」と「努力教」に苦しむ若者たち

「トビタテ！　留学ジャパン」という官民共同プロジェクトがあります。私も留学前後の学生さんたちの講師として研修会に呼んでいただくことがあります。「あなたにはぜひ、世界に羽ばたくリーダーになれるよう頑張ってもらいたい！」という親や先生などの大人たちがかける若者への期待は大きく、学生さんたちも皆それに応えようと頑張っています。

でも、教室を埋め尽くす一〇〇人くらいの学生さんの中には毎回必ず何人か、疲れの色が見える人がいます。この内向き志向の強い時代にあえて留学に行こうという学生さんたちなので、平均よりは元気なはずです。少子化で、特に内向き志向の学生が多いからこそ、海外を目指す貴重な若者には大きすぎる期待が重圧となってしまうのかもしれません。

私は毎回、彼らに向けてこんなお話をさせてもらいます。「夢や目標を持つことを否定はしませんが、夢や目標どおりにいかなかったからといって、人生が失敗ということではないですよ。むしろ、いまの自分の力で描ける範囲の夢や目標を超えた、今はまだ想像できないような未来が来たほうが、成功といえるかもしれない。夢や目標は持ちながらも、それにとらわれすぎることなく、がんばりすぎない程度にがんばってくださいね」。そうすると、いつも講演後に何人かの学生が寄って来てくれて、「すごく楽になりました！」「これでいいんだと思えました！」という反応をもらいます。

若者に厳しい社会環境

最近の若者は決して頑張りが足りないわけではないと思います。かつて、いわゆる右肩上がりで夢や希望が持ちやすかった高度経済成長期の社会とは、今はまったく環境が違います。バブル以降の世代に共通ですが、生まれてこのかた、右肩下がりの社会しか知りません。人口は減り、給料は上がらず、年金の額は減ります。それなのに、増え続ける国の借金と逆三角形になった人口ピラミッドを、すごく少ない人数で支えなければならないというプレッシャーばかりが増えていく。自分が若者だった頃は、身勝手極まりない話であると、責めるような気持ちで上の世代を見ていました。そして今、特に何もできないままだんだん自分が歳をとってくると、今度は下の世代に申し訳ない気持ちになってきます。

現在、日本の金融資産の六割以上を六〇歳以上の世代が保有しているそうです。裏を返せば、若者にお金が行き渡っていないということです。人生一〇〇年時代と言われるほど平均寿命が延びて、しかも年金の支給期間が遅くなったり金額がどんどん減っていきますから、お年寄りがお金を貯め込みたくなるのは仕方がありません。それに対して「物を持たずにシェアして賢く暮らす方がいいよね。地球にも優しいし」という最近の若い人たちの考え方は、こういう時代を生き抜く知恵だと感心します。

とはいえ、すべてをシェアで済ませられるわけではありません。以前、ある大学のゼミで一〇名くらいの学生とお寺でお話したことがありました。一人の学生さんが「経済的な理由で、大学院への進学を諦めなければならなくなってしまって……」と、涙を流しながらくやしい気持ちを語ってくれたのが印象的でした。

いまや貧困は日本の抱える大きな社会問題です。経済格差も広がって、それが教育格差を生み、世代を超えた経済格差の固定化を招いています。

「我慢教」と「努力教」の広がり

そんな中で、若い人たちは頑張っていると思います。我慢していますし、努力していま す。

だからこそ、立ち止まって考えてみてほしいのです。「その努力は本当にする必要があるのか?」「その我慢は、何のための我慢なのだろうか?」と。

私の見るところ、この国で一番信じられている宗教は「我慢教」「努力教」です。過去への後悔や未来への不安を抱えて、怖くて怖くてたまらないから、「こんなに我慢しているんだから、自分はここに居ていいはず」、「こんなに努力しているんだから、自分は大丈夫なはず」という安心を得たくて、知らないうちに我慢と努力に駆り立てられている人は、とても多いと思います。そう言われて、「こっちはどんな大変な思いで働いていると思っているんだ……!」「こっちはこんなに頑張っているのに、それを否定するっていうこと?」という怒りの気持ちが湧いてきたのなら、それが知らず知らずのうちに「我慢教」「努力教」に入信してしまっているサインです。

「我慢教」の連鎖

無宗教と言いながら、「我慢教」「努力教」に入信している人は、世代を問いません。上の世代から下の世代へ、「おれたちも若い頃は我慢したんだから、おまえたちも同じように我慢しろ」という呪いがかけられています。たしかに右肩上がりの時代には「苦しくても今がんばれば、やがて幸せになれる」という考え方が現実感を持っていたんでしょう。だからみんな、幸せを先送りして我慢できました。しかし今は、時代環境が全然違います。苦しさが増しているにもかかわらず、やがて幸せになれる保証もありません。

働き方改革が叫ばれていますが、日本の企業は先進国随一の労働生産性の低さであると様々な統計でも示されています。イノベーションが起きないとも言われます。その原因のひとつが、この国に広がる「我慢教」にあるのではないかと。「自分たちだってこんなに我慢してきたんだから、あなたたちも同じように我慢するべきだ」という抑圧的な考え方が強い組織は少なくありません。有給休暇の消化率が低いことにも関係しているでしょう。平日に有休をとると、「みんな働いているのに……」と罪悪感を抱いてしまいます。

「努力教」が生む罪悪感

前提がまったく違うのに、自分たちの価値観をそのまま相手に当てはめて押し付けてしまうのは世の常ですが、「努力教」はその最たるものでしょう。しかも、一人だと影響は小さいですが、人数が多いと多勢に無勢です。それがあたかも「常識」であるかのように広まってしまうと、努力しないことへの罪悪感が、心に埋め込まれます。「自分以外の誰かのために価値を出さなければ私はここに存在してはいけない」という条件付きの存在基盤には、常に自己否定と存在の不安がつきまといます。

この「努力教」はなかなか強力です。それにどっぷり浸かっていた人がふとしたきっかけで何か違和感をおぼえて、「もっと違う生き方があるんじゃないか」と探求を始めても、今度はその探求自体を努力の目標にしてしまったり、いつまでもそこから抜け出せない自分に罪の意識を感じてしまったりすることもあります。坐禅や瞑想に取り組むのはいいのですが、頑張りすぎて、その努力を誰かに認めてほしくなったり、「少なくともあの人よりは自分の方がうまくできているはずだ」なんて人と比べてしまったり、そしてまた、そうしてしまう自分にがっかりして落ち込んだりと、どこまでもしつこく追いかけてくるのが、この「努力教」の特徴でもあります。クセというのは案外しぶといものです。「努力教」「我慢教」が強いと、若い人の頑張りを刺激するどころか、新たな挑戦を阻害してしまいます。自分は「努力教」「我慢教」に入ってしまっていないか。心当たりはありますか？

おそれによる支配

失敗したら「我慢と努力が足りないからだ」と叩かれ、再チャレンジが許されない。その結果、若い人は尻込みして新たな挑戦が生まれない。将来への不安が広がり、結果的にお年寄りも若者も身動きがとれなくなっている。私はこのような状況を「おそれによる支配」と呼んでいます。

おそれの付け込み・刷り込み

おそれをベースに人を動かそうとする社会のあり方は、なかなか変わる気配はありません。ブラック企業などはその最たるものですが、その手口としては、強い口調で脅かしたりするわかりやすいものばかりではなく、むしろ、若い人たちの真面目さや素直さにつけこむような、目に見えにくいものもあります。ブラック企業がなくならないのも、そこをクビになったら人生おしまいというおそれによって、心がコントロールされてしまうからです。

たとえば、会社を辞めたいという新人社員に、「二〇代は社会人の思春期のようなもの。結果も出さずに一年や二年で辞めたって、どこにも転職なんかできないよ」というふうに、相手を思いやって指導するていを装って、恐怖を煽って囲い込むことなどは、よくあると思います。「市場価値がなければ、自分には居場所がない」という意識への付け込みです。また、アメとムチを使い分けて「自分みたいな価値の低いものをわざわざ拾ってくれた」という意識を刷り込ませるのもあります。

よっぽどしんどい状況ならば、鬱になる前に離れればいいと思うかもしれませんが、人間は自分の決めた選択を「間違いだった」と認めたくないものです。過去の自分を否定したくない。だから、どんなにおかしいと思っても、そこから離れる行動に移るには、時間がかかるものです。お金をもらっていることによって生まれる負い目もあります。

フルタイム雇用だと、真面目な人ほど、人生すべてを捧げなければいけないような感覚になって、理不尽なことにも耐える以外の選択肢が見えなくなってしまいます。

あらゆる「カルト」から離れよう

そこにつけこむ勢力の最たるものが、カルトです。近年、日本最大のカルト事件のひとつが、オウム真理教の地下鉄サリン事件です。親鸞は「さるべき業縁のもよおせば、いかなる振舞もすべし」と言いました。縁さえあれば殺人だって犯すのが人間であると。切実に生きる道を求めた結果、オウム信者となった若者たちの姿は、決して私と無関係ではありません。たとえば、自分が納得できないことでもクロをシロとして、組織からの理不尽な命令に忠実に従ってしまう会社員の姿だって、本質的には同じ構造の中にいるのではないでしょうか。

もし自分の属する組織やコミュニティに何か違和感を持ったとしても、社会が固定的でインターネットなどもない時代には、そのおかしさを比較する手段がなく、外部へ発信・交流することもできませんでした。自分の属する会社や地域社会や家族といったコミュニティがどんなにいびつなものであっても、閉ざされた抑圧構造に自らはまり、同化・維持する他なくなってしまうのです。よく見れば、人間社会の隅から隅までオウム的なものが浸透していない場所はありません。あらゆる人の中に、組織の中に、カルト性は潜んでいます。

おそれることをおそれない

おそれをベースに行動すると、どんどん迷いの深みにはまっていってしまいます。

おそれによって人を支配しようとするものからは、距離を置くことをおすすめします。無理に我慢や努力をしなくてもいいですし、したければ、我慢や努力をしてもいいです。どちらにしても、おそれは消えることはないでしょう。でも、おそれることを、おそれなくていいのです。もし、おそれを抱くことをおそれると、おそれを抱いている自分を認めることができなくなって、おそれは心の奥に隠れてしまいます。そのおそれが人質に取られると、知らず知らずのうちに、いとも簡単に心は誰かに支配されてしまうでしょう。世の中におそるべきことがあるとしたら、それが一番おそるべきことだと思います。

「水平方向」と「垂直方向」

私は子どもの頃から、死をすごくおそれていました。人の死も、自分の死も。病気や事故など死因によって確率は違いますが、人間の死亡率そのものは常に一〇〇パーセントです。どうせ死ぬのに、なぜ生きるのか。人はどこから来てどこへ行くのか。それらの根本的な問題に、何らかの解決をつけずに生きていくことなどできないと思っていました。

死の恐怖に怯える私に、祖父が貸してくれたのが、何冊かの仏教の本でした。その中には有名な仏教学者、鈴木大拙の本もありました。本の内容は難しくてわかりませんでしたが、それでも感覚として、自分にとって切実な「私はどこから来て、私は何者で、そしてどこへ行くのか」という問いに対する何かが、きっと仏教の中にありそうだという予感は持てたので、少し安心しました。そのとき答えがわからなくても、きっと答えはここにありそうだということがわかるだけで、ずいぶん気持ちは楽になるものです。

それは、世の中でいう「宗教を信じる」という感覚とも少し違った気がします。理屈を超えた神様の物語を信じ切って安心を得るということではなく、自分の問いに答えてくれる納得できる論理と方法を、釈迦牟尼ブッダが説いてくれているという感覚です。のちに知りましたが、私は宗教の「垂直方向」の機能を求めていたんだと思います。

宗教的なものには、「水平方向」と「垂直方向」の二つの機能がある、とケン・ウィルバーという哲学者は言います。私の人生の物語を完成させることを助けるのが、宗教の水平方向の機能であり、私の人生の物語を超えたもの、人はそれを「いのち」と呼ぶのかもしれませんが、そういうものに出会うことを助けるのが、宗教の垂直方向の機能である、と言い換えることもできるかもしれません。

癒しの水平方向

人間は誰しも物語が必要です。宗教が持つ「水平方向」の機能は、その物語を支える役目を果たします。もし今あなたの人生が、すごく充実していて、人間関係や仕事、家庭もうまくいっているとしましょう。そんなふうに「こうありたい」と思う自分になれている状態は、理想的ですよね。そんな状態にある人にとって、言ってしまえば宗教など別に必要ないかもしれません。しかし、人生は必ずしもずっとそううまくはいきません。誰もが思いどおりにならないことに必ず直面します。人生には、自分が「こうありたい」という思いが叶わず、物語が破綻してしまうときが必ず来ます。

たとえば自分にとってとても大事な人を事故などで亡くしてしまったら、どうでしょうか。なぜこんなことが自分の人生に起こるのかと、嘆き悲しむでしょう。そういう時、破綻した物語の穴を埋めて、癒してくれる役割が宗教にはあります。

お墓参りはわかりやすい例のひとつです。特に「家」のお墓というのは先祖代々続く大きな物語です。世代を超えた長編物語です。自分はその長編物語の一編なのだと思うことで自分の存在を確かめ、そしてそれがこれからも続いていくだろうと思うことで安心感が得られます。

しかし、最近はその長編物語が破綻して、どんどん短編化が進んできています。経済的に、物理的に、先祖代々のお墓を守っていくのはもう無理だ。お参りに行くこともできないし、自分の子どもたちにも負の財産を残して迷惑をかけたくない。そんな意識が生まれ、永代供養など、一人または夫婦だけの短編で解決しようという選択をする人が増えてきています。中には、散骨して物語を残さないようにしようという人もあります。果たして、物語のない人生に人間が耐えられるのかどうかが、私たちに問われているのだと思います。

気づきの垂直方向

一方、宗教が持つ「垂直方向」の機能では、物語を生きることそのものに問いが投げかけられます。釈迦牟尼ブッダの教えに、諸行無常＝変化しないものは何もない、という考え方があります。「こうありたい」といくら物語を描いても、思い通りにならないのが人生であり、思い通りにしたいという思いが苦を生みます。私たちは「こうありたい」と思っていた物語が破綻したとき、また別の物語で埋め合わせをします。しかし、そういうふうに、ある物語から別の物語へと水平移動で乗り換えていくばかりでは終わりがなく、いつまでたっても苦から抜け出ることができません。そんな、終わりのない水平移動はもううんざりだ。垂直のジャンプはないだろうか、という問いに対応するのが、宗教の垂直方向の機能です。

水平と垂直、どちらも重要なので、優劣をつけることはできません。物語に生きている人にとっては、水平の機能だけで十分に事足りてしまうことも少なくないでしょう。しかしこれからは、世界的に既存の物語の限界が表面化していくので、物語で満足できない人、幻想から覚めたい人が増えていくだろうと思います。マインドフルネスの広がりなど、すでにその兆しは見えています。

おそれなき世界と「良き習慣」

無畏施というお布施

お布施という言葉の意味、ご存じですか？　一般的には「葬式や法事でお坊さんにお経を読んでもらうときに包むお金」くらいにしか思われていないかもしれませんが、「お布施」という言葉には本当はもっと広い意味があるのです。

布施の語源はダーナであり、旦那とか、ドナーとかの語源にもなっています。布施には大きく三種類あります。仏法を施す「法施《ほうせ》」、財を手放す「財施《ざいせ》」、そして怖れを取り除く「無畏施《むいせ》」です。私が最近特に注目しているのは、この三つ目の「無畏施」です。これこそ、現代の日本社会に必要なものではないでしょうか。「無畏」、つまり、なんの不安もなく、そのままの自分で安心していられて、おそれずに勇気を持って歩んでいける心を、お互いに布施し合う日頃からの心がけが、とても大事だと思うのです。

ポスト・レリジョン（post-religion）と仏道

近年、「仏教ブーム」と言われています。書店ではマインドフルネスの本が売れ、坐禅会や瞑想会などが盛況です。しかし、そこに集ってくる人たちの中に「仏教に入信したい」「信者になりたい」と思っている人は少ないでしょう。ただ、何か生きるヒントや、自分の苦しみを解決する方法や、現代社会の課題を乗り越える知恵を探しています。それこそ世の隅々までカルト性にまみれた世界の行き詰まりを乗り越える、オルタナティブ（代替物）な思想や実践を探しているのです。昨今、世界からの仏教への熱い眼差しは、〝イズム〟としての仏教へではなく、あらゆる〝イズム〟を超克する「仏道」へと注がれています。私はその流れを、post-religion と呼んでいます。

明治時代に西洋から Religion という概念が入ってきて、「宗教」という言葉が翻訳にあてられました。Religion という単語は「固く縛る」「結びつける」といった意味を語源に持つと言われます。そしてその頃から、キリスト教やイスラム教と並ぶ宗教としてのブッディズムが顕在化し、日本ではそれを仏教と呼ぶようになりました。それ以前、日本には仏教という言葉は一般的ではなく、「仏道」などが使われていたそうです。仏道は本来、〝イズム〟としての宗教ではなく、人が自分を含めたあらゆるイズムから自由になる教えであり、合理的にものの道理を記述した思想体系です。仏道にフィクションはありません。世界と自己に巧妙に隠されているあらゆるフィクションを見破る智慧であると言ってもいいでしょう。人々は、自分の頭で考えて行動すること、自分の心と身体に敬意を払って生きることを、今までよりもずっと大事にし始めています。

仏道の基本は「良き習慣」

さて、仏道の基本は「戒定慧《かいじょうえ》」の三学《さんがく》です。

・「戒」は戒律。生活を整え良き習慣を身につけること
・「定」は集中力。心を制御して平静を保つこと
・「慧」は智慧。究極的に覚りであり、自己と世界を正しく見ること

木に例えるなら、戒は根で、定は幹、そして慧は果実となるでしょう。注目すべき根っこの戒は、もともとパーリ語で「シーラ」と言い、「習慣」や「人柄」という訳し方をされることもあるそうです。戒というと「守らなければいけない規則」のイメージが強いかもしれませんが、本来はあくまでも自分のために守るものです。良き習慣を身につければ、人柄も変わっていくということでしょう。

では、何が「良き」習慣なのでしょうか？　仏教の目的を「自他《じた》の抜苦与楽《ばっくよらく》」と表現するなら、仏教においては「自分も他者もより苦しまず、より幸せに生きられることに資す

る習慣」が、良き習慣であるということになるでしょう。身体的な振る舞いの習慣もあれば、言葉の習慣も、考え方の習慣もあり、それらは相互に影響し合っています。良き習慣を身につけることは、おそれを解いていくことに繋がります。

自分の心身だけではありません。今、地球環境の危機がかつてないほど高まっています。そしてそれは気候変動や環境汚染といった自然環境だけでなく、差別や暴力など人間を取り巻くあらゆる環境に及びます。そのような中、二〇一五年に国連で採択されたSDGs（持続可能な開発目標）は、貧困・飢餓・不平等など一七の諸課題を解決するための目標で、世界中でその実現に向けた動きが活発化しています。

私たち一人ひとりが自分も他者も地球も持続可能な良き習慣を身につけることは、その良き習慣が社会全体に広まって慣習として定着することでもあります。そう考えると、私たち一人ひとりが良き習慣を持つことは、地球の健康を守ることにもつながるはずです。

人生のトランジションは「良き習慣」から

私は東京の神谷町光明寺でテンプルモーニングという朝の掃除の会を不定期で開いています。これはまさに「良き習慣づくり」の実践コミュニティです。良き習慣を育てて身につけるためには、自らの生活を振り返る機会と、無畏施をし合える仲間を持つことがとても大切です。私はお寺というのは「良き習慣の道場」であると考えています。

釈迦牟尼《しゃかむに》ブッダの言葉を一つ、ご紹介します。

生まれによって賤しい人となるのではない。生まれによってバラモンとなるのではない。行為によって賤しい人ともなり、行為によってはバラモンともなる。（『スッタニパータ』）

おそれによってはいとも簡単に支配されてしまうこの世界で、知らぬ間に自分の中に染み付いてしまった「我慢教」や「努力教」といった考え方のクセを自覚してみましょう。そして、身体的な振る舞いの習慣、言葉の習慣、考え方の習慣を意識的に整えていくことで、より苦が少なく生きられる道を、探してみましょう。この本があなたの人生の「トランジション」をスムーズにし、あなたにとって「良き習慣の道場」となることを願っています。

第二章　おそれなき世界への三浦祥敬の物語

「ほぼ確実にADHDでしょうね」

私は二〇一六年の二月、はじめて行った精神科でこのように告げられました。

その頃、契約社員として働いていた会社ではどうしても働く力が出なくなっていました。自分には価値がないと思う気持ちと自分には価値があってほしいと思う気持ちが頭の中でせめぎ合い、オフィスでパソコンを叩きながら感情が薄れた虚ろな目をしながら働いていたと思います。毎日虚無感を抱いていました。

クライアントワークではとても大きな会社のコンサルティング案件に関わっていました。誰もが知っている会社です。パッと聞くとわかりにくい業務に関わっていたので、仕事の紹介をするときにはそのクライアントさんの名前をよく出していました。その時に返ってくる反応はポジティブなものがほとんどでした。精神的にキていた時にはそのようなポジティブな反応をもらってもまったく嬉しくありませんでした。

本当の自分じゃない。

求めているのはこれじゃない。

社会的にすごいと言われるものに関わっていても心は満たされず、自分が何を求めているのかが全く分からなくなっていました。

二〇一七年三月、上司と面談をしました。やんわりと辞めることを促され、こちらも辞

めたいということを伝え、四月いっぱいで仕事を辞めることになりました。その時の気持ちをなんと言っていいかわかりません。会社の上司のせいにする自分に対して嫌気がさしたり、なんて価値がない人間なんだと感じたり、次の仕事をどうしようと不安になったり、もう社会で生きていけないという絶望感を抱いたりしました。

さらにきつかったのは、四月のある出来事のことです。

「次の案件、三浦君にぜひ担当になってほしい」と連絡がありました。その前の年に仕事で関わりのあった方からの連絡でした。その仕事ではあまりに価値を出せず振り返ると反省点しかないと思うような結果でしたので、その連絡があった時、複雑な心境でありながら嬉しかったです。その頃にはもう辞めることが決まっていたので、「申し訳ありませんが、四月末で仕事を辞めることになりました。そのお話はとても興味があるので、辞めた後、個人の三浦でもよければご協力させてください」との返事をしました。しかし、その仕事は流れることになります。その仕事は、私個人にきたものではなく、私が所属する会社に対しての依頼だったのです。会社に所属する私であれば、そのお仕事を受けることができたかもしれませんが、残念ながら機会は流れていきました。

会社のブランドに知らず知らずのうちに慣れていましたが、それはあくまで自分自身ではありません。文字通り何もない自分を痛感したのを覚えています。

これが、全く希望を持つことができなかった二年前のことです。何を思っても次の瞬間に灰色の不安の声で頭の中が埋め尽くされました。全てを失ったと感じました。人生の強制リセットボタンは静かに押されてしまったと。

ここから始まるストーリーは、世間で映えるようなきらびやかなストーリーではありません。自分は何者でもないことを知り、何者でもない自分を活かして生きていこうともがいたリアルな人生の一幕です。ただ、この本の主題であるトランジションは、この二年間の人生経験があったからこそ見えてきたものでもあります。

私はどこから来て、何者で、どこへ行くのか。
何者でもない私のストーリーにしばしお付き合いください。

コントロールされることをおそれてきた

仕事を辞めるとすべてがなくなりました。辞める前は毎日辞めたいと思っていたのに、不思議なもので、辞めた後は「どうしよう……」という不安が次々にわいてきました。四月末に仕事を辞めるまで、ずっと仕事を探しませんでした。「既存の社会の中で生きていくのは無理だ」という思いが強かったのです。大学卒業時点にも同じような思いを持っていて、就職活動はしませんでした。「普通の人であれば当たり前のようにするもの」に対して強い拒絶感を持ってきました。

その始まりは小学校の頃の不登校の経験まで遡ります。学校にはルールがあります。宿題もあります。子供の頃の私にとって、学校は行きたくない場所でした。当時はなぜ行きたくないのかもわからず、ただただ身体がそちらの方に向かってくれませんでした。

私は、コントロールされることによって精神を消耗されてしまうということにものすごく強いおそれを抱えて生きてきました。今ではそのおそれを少しずつ手放しつつあるとはいえ、未だにおそれつづけていることです。

辞めた直後、一つボランティアとして関わった企画がありました。それは、源に向かうと書いて「向源《こうげん》」という、宗派や宗教を超えて、仏教や日本の文化を体験できる寺社フェスです。（二〇一九年五月に開催されるイベントで九年目になります。）

その年の向源のテーマは「かわりたい」でした。まさに仕事を辞めた直後の私は変わりたいと願っていたので、自然と引き寄せられました。「仕事がうまくいかない自分」から「できる自分」に変わりたい。社会で無能な存在ではなく、価値ある存在として扱われたい。心がズタズタの中で変わりたいと願い、その気持ちだけを支えに飛び込みました。

向源のボランティアの体験は、私に多くの視点を与えてくれました。居場所がなくなった自分にとっては能力ではなく、人として認めてもらえる場がとても嬉しかったです。向源が終わってから、「変わりたい」という気持ちが強くなりました。いてもたってもいられず、まず向かったのが屋久島です。

閉塞感にさいなまれた東京生活からの一時的な離脱

四月の末、友達から連絡が来ました。

「屋久島行かない？」

突然の誘いです。行きたいけれど、四月末までは仕事がありすでに予定がありましたので、断ってしまいました。しかし、どうしても屋久島のことが頭から離れません。とにかく今、屋久島に行かないといけない気がしました。いてもたってもいられず、向源が終わった五月のある日、鹿児島までのチケットを買い、屋久島に飛びました。

頭には「自然」という言葉が理由もなく湧いてきます。普段から自然が豊かな場所を好んでいたわけではないのに、猛烈にそれを求めている自分がいたのでした。毎日の通勤電車で、自分の感性が少しずつ蝕まれていく感じ。四月までの自分は、千葉寄りの東京の小岩という駅と秋葉原の駅を行ったり来たりする生活をしていましたが、毎日同じところに行って帰るという同じパターンを繰り返す生活がどうしても難しくなっていたのです。

屋久島に着くと、島のゲストハウスに行くためにバスに乗りました。子どもたちが元気に挨拶をしてきます。屋久島の学校の子たちは観光で来た人たちにも挨拶をするように教えられているようです。東京の生活の中で、そういった人との関わりがいつのまにかなくなっていたので、それだけで心がじんわりと温まりました。バスを降り、ゲストハウスに向かう道中、橋の上を歩きます。左手には広大な樹木群を見下ろすことができ、遠目に大きな滝を見ることができました。その先には広大に広がる海。すべての生態系がつながり合って成り立っています。

理由もなく目頭が熱くなりながら、ただ歩き続けました。

持ってきた荷物はそんなに多くありません。少しの衣服とパソコンくらい。パソコンだっていらなかったかもしれない。重みのないバッグをゲストハウスのベッドの上において、一息の休み時間を楽しみます。次の日は屋久杉に向かうことになっていました。往復で徒歩一〇時間の道のりです。

メディテーションとしての屋久島散策

朝五時に起き、屋久杉を目指すべく登山口行きのバスに乗りました。夜になると帰りの道がたいへん危なくなるので、多くの人が屋久杉のコースを歩く時には早朝からスタートします。早起きがすこぶる苦手な私ですが、なんとか寝ぼけ眼をこすりながら、登山ルートに向かいました。鳥の声に導かれるように、足を動かすと、すこし肌寒い空気が頬を撫でていきます。山沿いになだらかに登っていく登山道はクネクネと曲がりながら、深い緑の中に通じていました。少しずつ標高が上がっていくにつれ、植物の生態も変わっていきます。屋久島は複雑な生態系が形成されている場所です。息を飲むような木々の群生に度肝を抜かれました。

私はただただ歩を進めました。頭にはいまだにごちゃごちゃと浮かんできます。

「どうやってお金を稼いで生きていくんだ」

「お前には社会で生きていく能力なんてない」

「なんで屋久島なんて歩いてるの？　意味ないんじゃない？」

まるで田舎の田んぼでカエルが大合唱しているかのようです。左から右から上から下から、どこからともなく湧いてくるのです。また、頭の中の声に対して自分自身で言い返す声も聞こえてきます。頭の中はなんとも忙しいものです。

歩き続けていると、身体も適度に疲れてきました。早く、効率的に進もうと思っても、ただ目の前の一歩一歩を進めていくしかありません。東京の生活リズムとは全く違う流れの中に入り、ただただ歩くことに没入していました。

この屋久島の道中の経験は期せずして私にとってメディテーション（瞑想）のようなものになっていました。次から次に意識の中に考えが湧いてきては消えていきました。屋久島に行くことがメディテーションになるから行ったわけではまったくありませんでしたが、その道中は自分の考えを見つめることにとてもいい効果がありました。さらに屋久島の壮観な景色は心を癒してくれました。

澄んだ空気。周りを見渡すと一面の木々や苔。遠くには水が流れる音もしています。苔にも深い緑のものもあれば、明るいものもあります。表面がフカフカしている苔やザラザラしている苔もありました。苔と一言でくくるには申し訳ないくらいの色鮮やかな世界が豊かに広がっていました。

私は一時期、自分の力だけで生きているんだ！　と思い込んでいる時がありました。今ではその思いはすごくおこがましい考えをしていたなと思っています。何が偉いわけでもなく、何が上でも下でもなく、ただあるということ、その力強さは圧倒的なものです。いまだに心のクセとして人を上下で見てしまうこともあります。ですが、圧倒的な自然を前にすると、そんな意識で作り出す規範や秩序はどうでも良くなります。

自然（じねん）という言葉を後日知りました。あるがままという意味です。私は外の環境のことを自然（しぜん）と呼び、人の内的環境のことを自然（じねん）と呼んでいます。自然（しぜん）の状態は外の世界にだけではなく、自分自身の中にも広がっているものだと思っています。

あるがまま広がる内的な自然（じねん）の世界はそのままの形で自生しているのでしょうか。私はこういう人間だ、私はこうあるべきなんだ、と語る時、私の世界の自然環境には不自然な力が働いているのかもしれません。あるがままの自然の世界はあるがまま、育ちたいように育つ方向があるのかもしれませんが、「こっちのほうに伸びろ!」「お前は生えてこなくていい」と強制しているのかもしれません。

屋久杉にたどり着き、その存在の大きさにただ言葉をなくしました。自然は語っても語り切ることはできません。言葉で説明できるのはほんの一部分でしかありません。自分自身という存在についてもそうだなと思います。

家を手放すことで起こった心理的変化、ホームネス

東京に帰ってから次に行ったのは「ホームレスになる」ことでした。東京の企業で働いていた時、どうしても難しかったのが週五回会社に通うことでした。同じ場所に何度も行くということがどうも性に合わなかったのです。それはその会社で働く上でのルールでした。

辞めた時、心の中でたくさんの感情と思考が吹き出しました。その中の一つが家を手放したいということでした。会社を辞めて週五で同じところに行き続けた反動でした。どうしても動きたくてたまらなかったのです。

屋久島から帰ってすぐ、家を引き払いました。幸いなことにFacebookで家がなくなると投稿すると、泊まっていいよと反応してくれる人が複数いました。だから家がなくともどうにかなるのではないか？　と思い、ホームレス生活を始めることができました。

家がなくなって二週間くらい、どうしよう、どうしようと毎日泊まるところを考える日々でした。仕事はすでに辞めていますから収入はありません。追い込まれたら仕事が作れるようになると思っていましたが、人生、そこまで甘くありません。仕事を作る能力は開発していかないと身についていきません。

お金が減っていく恐怖が毎日続きました。毎日高いホテルにも泊まっていられない。安いゲストハウスに泊まり、知り合いに連絡して泊めさせてもらったりして、二週間を乗り切りました。

二週間の間に感じたのは、欠乏する感覚でした。ホーム＋レス。ホームがないわけです。当たり前のように寝られるところがあるというのは本当にすごいことです。家があるということが自分の精神の安定に繋がっていたのだなと失ってから気づくに至りました。

一方でこんな気づきもありました。ホームはすでにあったのです。私はそれまで、ホームという概念を自分自身の外に置いていました。サッカーでもホームのグラウンド、アウェーのグラウンドと呼びますよね。ホームのグラウンドの方がパフォーマンスが上がるだろうということは直感的にわかります。

私は確かに私の外側にある賃貸で借りていた家を手放し、なくなったという喪失感を味わいました。しかし、ホームはむしろ自分の内側にあったのです。ホームとは自分の中に生じているものだという認識の転換が起こりました。ホーム感を抱けば、そこは外の環境でもホームと化すのではないかと思います。「ホーム感がある」という時、脅かされることへのおそれは手放されています。あらゆる場所でホーム感を抱けるようになれば、どんな環境に対面しようと安定していられます。

アートのチームに関わる中での違和感

このホームレス生活を行いながら、二〇一七年六月～一一月にはアートの活動に関わりました。もともと表現活動をしていたわけでも、それに関わっていたわけでもありませんでしたが、就職活動をしたくないという気持ちとあいまって、芸術系の方面に関わりたいという気持ちが募っていました。大学卒業後に働いた企業でもアートの仕事はあったのですが、仕事を辞めたあとにはより表現に関わりたいという気持ちが膨れ上がり、その時ご縁のあったアート活動に関わりました。

そんなにも関わりたいと思っていたアートの活動なのに、なんともいえない違和感が出てきて、またどんどんつらくなっていきました。自分自身を押さえ込んでしまうことから脱することができなかったのです。仕事を辞めて、自分が本当にしたいことをやっていると思うのに、なぜか気持ちがしんどくなっていくのです。仕事の中でつい出てしまっていた嫌なパターンが、そのアートのチームの関わりの中でも出てきていました。さらに自分がしたいことを邪魔されてコントロールされたくないという気持ちもすごく大きく、チームとして動く中で自分がなぜか犠牲的になっていくことが苦しくてたまりませんでした。当時は犠牲的になることが常態化していたのです。不思議なもので、自分は主体的に生きていると思い込んでいました。そう思い込むと、自分の自尊心を保つことができたのでした。しかし、現実は、権威的な何かに従わなければならないという心の作用が起こり、自分を押し殺して、相手に合わせてしまうということを繰り返していました。

特にこの時期にはアイデアを考えることができる人が偉いという、とんだ勘違いをしていました。よりよいアイデアを生み出して、他の人を動かすことができるようにならないといけないと本気で思っていました。

それらの思考は自分自身がコントロールされたくないというおそれがあったことに基づいています。ただ、アイデアを生み出して人を動かせるようになったとしたら、他の人をコントロールできるのだと思っていたのでしょう。頭の中では他の人をコントロールしたいと思っていたわけではありませんが、おそれを元に行動していた結果、他の人をコントロールしようとしていました。されるのをおそれていることを自ら他の人に行ってしまっていたことに気付いたのはこの時点から一年以上経ってからの話です。

揺らぐ「私」という境界線

「わたしって何者だと思いますか?」

京都にある西本願寺の広々としたロビーの空間で、共著者の松本紹圭さんにそう問われたのを覚えています。松本さんに、イベントの登壇依頼をしたのが出会いのきっかけでした。

私は「アメーバのように拡張したり狭まったりするものですかね……?」と不安げに伝えました。自と他の境界線があるという考えに基づいた答えでした。お時間を作ってもらって、私という存在について問いかけられ、プチパニックでした。時間が止まってしまったような静寂な空間を前にして、冷や汗が流れました。

就職活動の時って自己分析をしますが、その時の自己は確固として在るわけです。在るという前提で、それを分析しますよね。しかし松本さんがおっしゃったのは「私」という存在はないのではないかという視点だったのです。松本さんとお話しし、「私」の境界線が揺らぎました。私は世界で世界は私。私は小宇宙。私には実体がない。頭に次々とエラーが発生し、混乱し、頭の中がグルグルと回転するような心地がしました。私という存在が何者かわからなくなりました。

その後、松本さんに登壇していただいたイベント「Redesign Night! テーマ〝開発〟～仏教の智慧から立ち現れる二一世紀の開発観～」を無事開催することができました。ここから人生が予期せぬ方に流れていくことになります。イベント後に再びお会いしたカフェで、お互いに考えていることを共有しました。そこで盛り上がったのが、「トランジション」という切り口です。

トランジションとは何か

人生いろいろな移り変わりがありますよね。変化には、チェンジという言葉もありますが、チェンジは外形的なもので、環境が変わったり人生に何かライフイベントみたいなものが起こる、そういう外面的な変化のことを指しています。たとえば、会社をクビになりましたとか、子供が生まれましたというようなことです。

トランジションはチェンジによってしばしば置き去りにされる、内面的な変化のことを指します。似たような言葉で、トランスフォームという言葉もありますが、あえてなぜトランジションという言葉を使っているかというと、トランスフォームだと「ここにこうしてある人が、何か別のものに〝なる〟」という発想が強くなるからです。私がここに確かにあって、その私が別のものに変容するという、さなぎが蝶になるようなイメージがトランスフォームです。

トランジションという言葉は私と松本さんが最初に語り始めた言葉ではありません。「トランジション」は、米国の人材系コンサルタント、ウィリアム・ブリッジズ氏が提唱している人生の転機を乗り切っていくための概念です。『トランジション――人生の転機を活かすために』(パンローリング、二〇一四年)はキャリアの世界をはじめとして、多くの世界で価値あるものだと認識されています。(＊以下、ここで述べられているトランジションを、この本では「水平的トランジション」と呼びます。)

水平的トランジションでは、人生の転機を乗り切っていく上で、「①終わり、②ニュートラルゾーン、③始まり」という三つのステップで人生の転機を捉えるシンプルな考えを提示しました。その功績は多くの国に翻訳され、その智慧に活かされた方々がたくさんいます。わたし自身も水平的トランジションの考えに触れ、感銘を受けました。

現代でもトランジションについて語っている方がいます。マインドフルネスの研究者・実践家であるドラッカースクールのジェレミー・ハンター氏はチェンジとトランジションの違いについてこう述べます。

多くの場合、まず外的な変化が起こります。たとえば、徳川幕府はこの外的変化に対応できず、明治政府に変わりました。同時にこれは、封建的なマインドセットから、より近代的なマインドセットへの移行でもあったわけです。〝変化〟は外側で起きていますが、それに対し、トランジションとは内面で起きている「我々は何者なのか」という物語におけるシフトなのです。私は誰で、どんな役目があり、私には何ができるのか。これらは本質的に感情を取り扱う問題です。

たとえば私の「トランジション」という授業では、学生たちにこのようなことを尋ねます。「これまでの人生でのあらゆる〝変化〟を思い出してみてください」と。両親の離婚、新しい街への引っ越し、大学への入学、初めての独り暮らし、就職、結婚、子どもの誕生など。そして、その結果、「どんな変化が内面であったのか」。それがトランジションです。（ビズジン「ドラッカースクール准教授ハンター氏が語る、変化の技法「トランジション」とは？　特別鼎談：ジェレミー・ハンター氏×入山章栄氏×佐宗邦威氏 後編」より https://bizzine.jp/article/detail/2214）

すべては予測できない。予測不可能なものを受け入れる

情報革命をまさに体験し続けている私たちは、未曾有の「チェンジ」の時代を生きていると言えます。アナログの世界だけではなくデジタルの世界が豊かに広がり、それによるデジタルトランスフォーメーションがさまざまな領域で起こっています。多くの「チェンジ」が起こる時代を迎え、変化が伝播するスピードは圧倒的に早くなっています。仕組みやプロジェクトだけが表面的に変わるわけではありません。もちろんそれに携わる人の内

面の世界も変化を余儀なくされます。

人生に「チェンジ」が起こった時、これまで慣れ親しんだものを手放す内面的な変化も伴わなければ、外面と内面の乖離に引き裂かれてしまいます。人間は継続性の生き物です。皆、生まれてから様々な経験を重ねて、心にクセができています。

「今まではこうだった」と思っている状況が、すでにいろいろな外的な変化によって変わってしまっているけれども、どうしても心がそれについていけていないことってありますよね。思い出や習慣など、過ぎ去ったものにしがみついて、手放すことができない状態のことです。

手放すことや手放し方の実践については、これまでの社会構造の中では豊かに語られてこなかったことだと思います。とにかく獲得すること、よりよく成長することが語られてきました。ただその流れが変わってきているのではないでしょうか？　日本の経済規模も縮小していき、これまでのような個人のあり方は変わらざるをえません。

しかし逆にこの時代は生き方をよりよく転換していくチャンスになりえるのではないでしょうか？　正解がない時代だからこそ実験が必要で、多くの人にとって体感的にしっくりくるものが残っていくプロセスは二〇年〜四〇年ほどかかるのではないかと思います。

その実験を行っていくにあたり、私が参考にできると実感しているのが仏教思想です。二五〇〇年以上の時を超えて人々に受け入れられてきた歴史があり、私たちの人生に具体的に活きるものだと確信しています。

過渡期には自分の思い通りにいかないことが増えます。こうなるはずだったのにという期待が叶えられなかったり、自分以外の何かの影響を受けて自分が掲げている理想が形にならないことも体感的に多くなるのではないかと思います。どう生きるのかを支える自分のエゴ(自我意識)・心・身体の扱い方を試行錯誤する必要があります。その中でも、エゴ(自我意識)の扱いについては色濃くこの本の中で取り上げたいと思います。

新しいアイデアや方法を模索する実験をおこないながら、新しい習慣を形成していくことで人は過渡期を乗り切っていきますが、それと同時にこれまでおこなってきた慣習を手放していくことがなければ、既存の生き方に戻ってしまいます。絶対に変わっていかないといけないわけではありませんが、周りの環境は常に変わっていくものですし、自分の内面が変わって生活を変えざるを得ないということも人生の転機には体験することです。新しい物事が起こっていくこととこれまでの物事が終わっていくことの両方が同時に起こっている世界を生きているのですから、新しいものを作る技術や新しい発想を作り出すA面だけではなく、うまくいかなくなってきたやり方や自分自身の中で機能してこなくなってきたものを、より良く手放すB面のバランスを取ることで活路が開かれていきます。

仏教思想を深く体感的に理解していくと、エゴが手放されていき、さらにはより良い手放しの仕方が身についていきます。物事を進めていく際にエゴの存在によってうまくいかなくなっている状況が解消していきます。エゴの適切な扱いは技術として向上させていくことができるものです。お坊さんだから特別にできるものではなく、一般家庭に生まれた方にも探求することができるものだと確信しています。

とはいえ私自身はエゴの扱い方に相当苦しんできました。自分の身の回りでうまくいかなくなっていることが自分のエゴによるものだったことは気づきたくないことでもありました。

しかし、その扱いを意識的に行うようになって、確実に人生を生きるのが楽になってきました。ここからまた語っていく私の人生の「チェンジ」と「トランジション」のストーリーは、エゴの扱い方を綴ったものです。その目線でぜひ楽しんでみてください。

トランジションのフレームワークはまた五章に書き出しています。松本さんとの「トランジション」をテーマにした本を書く過程は、まさに心のクセを手放していく連続でした。このことは、ケン・ウィルバーがいう宗教の機能のうち垂直方向への変化だと言い換えることができます。次項から、私の経験談に沿ってみていきましょう。

エゴエゴしくなってしまう連鎖を終わらせること

松本さんとの出会いの前後もアートのチームには関わっていました。本質的な苦しさの源がわからないままに、半ば惰性のように続けていました。このチームとかかわっているとき、どうしても消耗していくのです。猛烈に抑え込まれている感じがしていました。

特に、中心人物がよく言う「ダサい」という言葉に私は萎縮してしまっていました。その時の私は、「ダサい」と発言するメンバーの価値基準を自分に取り込んでしまい、自分自身の中で生じてきたアイデアを口にする前に「ダサいと言われるからダメだ」とおし込めていました。それが常に起こっていました。

しかし当時、私はその場所以外のコミュニティに所属することなく、特に他にしっくりくるところもありませんでしたので、居場所になりえる場所に執着していたのだと思います。その結果、その場所の空気を読み、自分が本心から思っていないことを発言するようになっていました。

ある時、ワークショップのプランニングを任されたのですが、私が「これをやろう」と言ったアイデアに対して、メンバーの一人に「ダサいからしたくない、一緒にしていると思われたくない」というようなことを言われました。その言葉を聞いた時に、それまで自分の中で張り詰めていたものがプツンと切れ、そこにいることが耐えられなくなってしまいました。

私はその時点でエゴの扱いに関して二つのわだかまりを抱いていました。

一つは、自分のアイデアを守りたいという気持ちです。自分が出した提案を否定された時に、自分をも否定された気分になりました。アイデアに対するジャッジメントを受けた時に、どこにも行きようがない苛立ちやもどかしい気持ちを抱きました。アイデアと自分自身の存在を重ね合わせ、同化させていたのでした。この根本には、「アイデアを所有できる」という思考の前提があったようです。「所有できる」という思い込みは、コントロールしたいという欲求に基づいていました。アイデアが思い通りにチーム内で通らないことに対して苛立ちを感じていました。

二つ目は、信じることをやめられないこと（信念を手放すことができないこと）でした。ここでの「信念」という言葉は、何かしらの行動へとつながる自分自身が信じている基本原理という意味です。たとえば、アートは自己表現だと私は信じこんでいました。アートのチームにいるのだから自己表現をしたいし、自分のアイデアを形にすることができないならば、アートのチームに関わる必要はないと当時考えていました。

しかし周りの人たちのアートの定義は異なりました。ほかの人から見ると、私の信念は私が強固に持っている固定観念だと思われていたのかもしれません。コミュニティのなかで、自分が信じていることが納得のいくものとして受け取られず、憔悴していきました。

「信じる」ということは、いわゆる宗教に関わる人たちだけではなく、あらゆる人が普遍的におこなっているものです。何も信じていないという人でも、「世界のあらゆるものは信じる対象にはならない」ということを信じていたりするものです。信じていること自体はそれでいいのですが、信じていることをほかの人に押し付けようとするコミュニケーションを繰り返すと、周りとの関係性は悪化していきます。

当時は自分の信念と他の人の信念が違う時に、相手の信念を問い、それを正そうとする心のクセがあったので、それが周りの人たちとの人間関係を蝕んでいきました。ちなみに、このアートチームには別れを告げました。自分を抑圧し続ける中でエゴエゴしくなってしまう連鎖から離れてみようと思い、選択した結果です。後味はあまりよくない別れでしたが、根本的な自分のトランジションには効果的だったと思います。

イスラエルで信仰の世界を生きる人たち

二〇一八年一月、私はイスラエルのエルサレムにある「嘆きの壁」の目の前に立っていました。交際相手からイスラエル行かない？ と言われ、OKと返して行くことになったのですが、行くと決めてからイスラエルでは何かが起こりそうな予感がしていました。お寺に生まれたこともあり、宗教とは何なのかを考え直したいと思っていました。エルサレムはまさに宗教的な歴史が折り重なってできている場所です。ユダヤ教徒の方々にとって大切な聖なる土地です。

嘆きの壁の前では、多くの方々が壁に向かって何度も頭を下げて祈っていました。それまで私は宗教のことをずっと穿ってみていて、信仰の世界を盲信している人をうさんくさく感じていました。アートチームでの他の人が持つ信念との向き合い方と共通します。

嘆きの壁のユダヤ人の方々を見た時、まさに「その信仰の世界を生きている人たちなんだ」ということが理屈抜きで伝わってきました。その時、これまで安易に相手の信じていることの是非を問おうとしていた自らの姿勢はやめていきたいと思ったのです。

ある人は、嘆きの壁の前で大声で泣き崩れ、何度も頭を下げていました。その言葉こそわからずとも、その祈る様子は決して偽りのあるものだとは思いませんでした。彼らはまさにその世界を生きているのだと感じました。

それに対して、私は恐ろしさと畏れ多さの二つの感情を抱きました。

恐ろしさは、その様子がその文化圏の中で生活していない私自身にとっては狂気に見えたからです。宗教や文化的規範がここまで人を突き動かすものなのかと思ったのです。

もう一つは畏れ多さ。人間を突き動かす何か言葉では計り知れぬものの存在を感じ取り、背中がヒュッと冷えるような、時間を超えたような感覚を味わいました。

イスラエルの滞在は私の物の見方に大きな影響を与えました。自分自身がユダヤ教徒の彼らと同じような世界を生きていることを自覚したのです。これはアートチームとの関わりの際にはまだ自覚していなかったことです。宗教の領域に所属している人であろうが、宗教に関わりがないと思っている人であろうが、何かを信じるということは誰もがやっていることだと思います。どの信念が正しいでも、正しくないのでもなく、その信念の世界（宗教でいうと信仰の世界）をありありと感じ、その世界を生きているのだと思います。

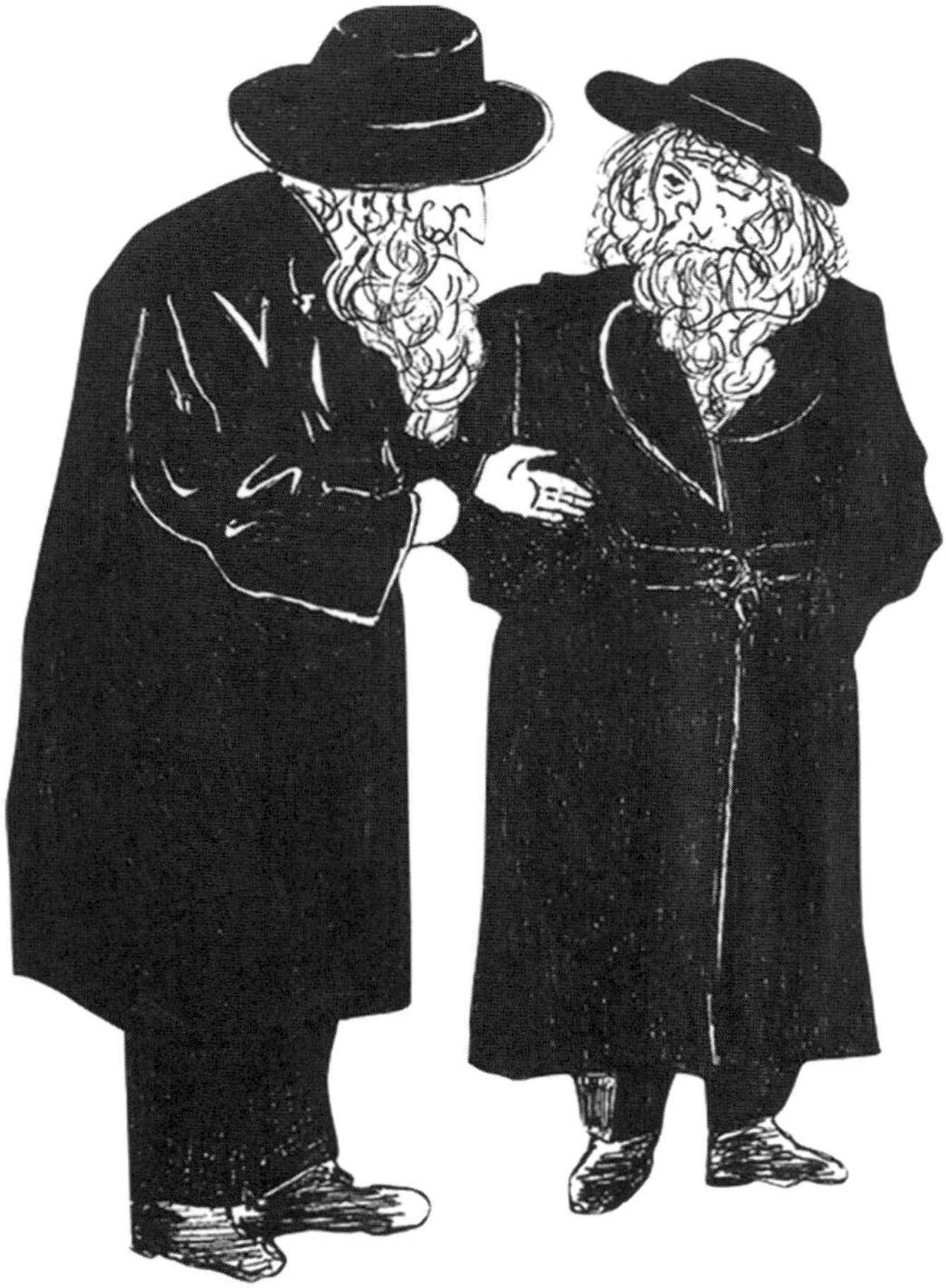

私たちは形なきものを信じることができます。夢や目標、アイデアなどといった未来の不確実な可能性を信じることもありますし、たとえば科学や宗教などのような概念や考え、物語などを信じることもできます。信念の有無によって人生を生き抜きやすくなるとも言えますし、逆に信念を手放すことができずに人生におこる「チェンジ」の数々に内的に対応できず、生き残れなくなることだってあると思います。

人生の転機は突然やってくる

二〇一八年三月、大きな転機がやってきました。

ある日突然、全国曹洞宗青年会の方から連絡がきました。二〇一八年一一月に実施予定の曹洞宗大本山總持寺で開催する「仏教×SDGs 守り継ぐ そして未来へ」という企画のイベントコンテンツをプロデュースしないかというお誘いでした。嬉しさとともに動揺しました。お寺の大本山に対してずっと迎合しないことを自分のスタイルとしていたからです。

私自身、お寺に生まれたこともあり、大本山の権威のあり方にとても疑念を抱いて生きてきました。先述したように、アートチームで人に合わせて疲弊したこともあり、人を従わせてしまうことへの違和感が積もり積もってきていました。だから、権威的なものには近づかず、それに対していつも批判し、そして怒りを向けてきました。さらに、「大本山は変わるべきだ」とずっと思ってきました。

そういった思いはあったものの、仕事は引き受けることにしました。すると、この企画を進めていくにつれ、権威そのものが悪いのではなく、権威的な現象を認識して、怒りによって心を奪われてしまっている自分がいるだけなのだということがわかってきました。権威的なものを外の世界に見る自分自身の内にこそ、「自分が権威的なものにしたがってしまう」という思考パターンを持っていたのです。外の世界の権威的なものを批判し続けているときには、自分の内側のパターンには目が向きません。そうするといつまで経っても自分自身のパターンは変わらないし、強化すらされていきます。

このような内的なパターンは、お寺という場所に生まれて、そこで知らず知らずのうちに学習していったものです。他にもあるのですが、そのうちの一つである「権威」についての問い直しが起こったのが、この時期でした。

エゴを手放しながら作る

二〇一八年三月~五月は一一月に向けてのアイデアを構想する必要に駆られたのですが、

なかなかいいアイデアが浮かんできませんでした。正確にいうと、こういうふうにしたらどうかというアイデアは浮かんでくるのですが、そのアイデアを信じることが怖かったのです。何か思いついた瞬間に、自分自身でツッコミを入れてアイデアを否定するということが何度も起こりました。自分のもつ信念の解体が進んでいた時期でしたので、自分の中から出てくるアイデアにも従うことができずに苦しい時期を過ごしました。

最終的にその企画でおこなったのはアートパフォーマンスですが、企画の初期段階では禅に関するシンポジウムをしようと思っていました。前の職場での経験や、これまでの興味やスキルから、その当時の延長線上の出来事として実施できそうな気がしていたからです。ですが、直感的にこの企画のプロセスでは、「私」を超えて表現することを求められている気がしていました。

この時の自分は、「私」という存在がある、という前提に立って企画を作るスタイルを手放していこうとしていました。あたり前のようにみなさん「私」があると感じて生活していると思いますが、私は仏教思想への理解が深まっていくにつれて、その前提自体から離れていこうとしていたのです。

そんな中で次の転機が訪れます。「無我の創造」という物の見方との出会いでした。

二〇一八年五月五日、二〇一七年にも関わった「向源」でトークショーを企画しました。ゲストは共著者の松本紹圭さん、アート、音楽、デザイン、工芸、仏教、自然科学、地域づくりなど多様な分野をつなぎ、共創を促進する取り組みを行うEPIPHENY WORKS代表・林口砂里さん、慶應義塾大学総合政策学部教授であり、数々のパターン・ランゲージを制作されている井庭崇さんの三名でした。

その年始めに「パターン・ランゲージによる無我の創造のメカニズム：オートポイエーシスのシステム理論による理解」という論文を井庭さんが発表されたことを知り、とても面白いと感じ、せっかくなので「無我の創造」をテーマにしたイベントをおこなうことにしたという経緯でした。

井庭さんによると、「無我の創造」とは、「自分の身体や感覚を総動員して全身全霊で取り組むが、『こうしてやろう』という作為を生む自我を抜く創造のこと」だそうです。私、私、私…と、とにかく私の存在が前提でこじらせてきた身としては、「無我の創造」の考えはまさに自分が必要としている観点だと感じました。

お三方のディスカッションを聞き、エゴを手放していく中で創造行為が生まれていく可能性があることを知りました。

「無我の創造」イベントが終わった後も、曹洞宗大本山總持寺のイベントのアイデアは湧いてきていませんでした。イベント本部の方にやんわりと催促されながらも、しっくりこないアイデアの断片をただただ頭で反芻し続けていました。

「早くアイデアを出さないと」という焦燥感に駆られながら、リフレッシュもかねて海

EUROPE-COMPOSTELA

外に行きました。交際相手から誘われたことをきっかけに、スペインにあるキリスト教の三大聖地の一つ、サンチャゴ・デ・コンポステラの巡礼、通称カミーノを歩きに行きました。私たちは八〇〇キロのフランス人の道を歩き始めました。屋久島の時のように、ひたすら歩く巡礼は、私にとってメディテーション（瞑想）になりました。

最初こそウキウキした気分で乗り切ることができていたのですが、だんだんとしんどくなっていきました。頭によく浮かんできていた言葉は「この巡礼にどういう意味があるんだろう？」という問いでした。景色が目まぐるしく変わり続けるわけでもないので、次第に考えることもなくなり、暇になっていきます。

なぜ、歩いているのだろうか。問いだけが虚しく何度も浮かんでは消えていきました。歩いて、歩いて、歩いていくと、あることに気付きました。それは、これまでの私は何をやるにしても何らかの意味づけがないと不安でしょうがなかったということでした。

大学生の頃から将来何をしたいのか？　と言われ続けてきた中で、何度も自分自身何になりたいのだろうかと自省してきました。その過程で、何事に対しても「目的は何か？」「意味は何か？」がはっきりしないと不安になってしまうようになっていたのです。

私という存在において、エゴが得意としていることの一つが「意味づけをする」ことです。私の場合、いままでは「何かを行ううえで、それをやる意味がわからないとやらない」というスタイルでしたが、そこから「意味がまだわからないけど浮かんでいるアイデアを育てていく」ことへのトランジションが起こっていきました。

ちなみにスペイン巡礼は計画時点で八〇〇キロ歩く日程を確保していなかったので、一五日かけて道のりの二〇〇キロほどを歩いて終了しました。またいつの日か続きを歩いてみようと思います。

アイデアが自ずから育っていく方へ

幸運なことに、この巡礼中に一一月のアイデアの諸案が頭に浮かんできました。さっそく日本に帰ってからアイデアを企画書に落としていきます。頭の中に浮かんだアイデアは絵として浮かんではいるものの、まだまだ支離滅裂としたものでした。ほかの人に見せられるようなものではありませんでしたが、五月に学んだ「無我の創造」の思考プロセス、つまりエゴを手放す過程で創作していくということを大事にしながら、作品のアイデアが自ずと転がっていく方に委ねようと考えました。

この時点ではアイデアが社会的にどういう意味があるかなんてわかりません。アイデアが育っていくのに呼応して、人に会い、本を読み、企画書を更新していきました。アイデアが育っていきたい方向を感じながら、それに身体を沿わせていく感じです。頭でガチガチに考えてからのスタートではありません。

アイデアに対するコントロール欲求を手放していく

ここで大きな壁にぶつかりました。あやふやなアイデアでは絶対に相談できないと思い込んでいたのです。空間デザインやグラフィックデザインの方々にご相談しようと思っていたのですが、相談できずにずっと悶々としていました。

この背景にあったのが、私のアイデアが他人にコントロールされることへのおそれでした。アイデアを考えないままに相談すると、アイデアの方向性をコントロールできなくなると思っていました。だから、閉じていたわけです。そうなると自分自身の枠を飛び越えたようなアイデアへと発展していく可能性は削がれます。

それでは「無我の創造」はできないと感じたので、思い切って空間デザイナーの方に相談をすると、OKとの返事。そこでとてもホッとしました。そこからさらに多くの人が自然と巻き込まれていって、企画のアイデアが育っていきました。エゴのおそれをベースにするのではなく、所有することができない（固定化させることができない）アイデアが、おのずから育っていくにつれて、そして形になっていくことによってこれまでの行き詰まりから脱していきました。

そして、一一月の本番では「言霊のレストラン」というアート・パフォーマンスを実施しました。「レストラン」という言葉は、もともとフランス語で「回復させる」という言葉を語源にもっています。現代社会の中で、人々が言葉で論理武装し、自分たちの身体的な直感を大事にできなくなっていく様子を想定し、その状態から解放されていく回復の場を仏様の前に立ち現わすという作品になりました。總持寺の仏殿という名誉ある場を開放してくださったことに心から感謝しています。計らずも、この企画の制作プロセスは私にとっての「言霊のレストラン」として、解放され、回復していく体験になっていました。どんどん言葉を手放すことで、コントロールしようとして言葉を多用するこれまでのコミュニケーションから、おのずから湧いてくるアイデアやおのずから湧いてくる周りの人たちの想いを大事にして企画を育てていくコミュニケーションに移行していきました。

そういう変化が起こっていったのは偶然ではありません。実は、松本さんとお会いしてから仏教を学びはじめたのですが、本を読んだり、お坊さんと話すなかで、結果としてそのような言葉を手放していく現象が起きていったのです。「言霊のレストラン」で、言葉だらけの世界から浄化されていく空間とパフォーマンスを、来てくれる人のために作っていたのにも関わらず、一番浄化していったのは私自身なのかもしれません。

うつの緩和

このように、大きなイベントの制作とともにエゴとの付き合い方を知っていく一方で、もう一つのストーリーがありました。うつ症状の緩和です。私はずっと前から軽度のうつ症状に悩んでいました。病気だとみなされたくないという気持ちが先行し、精神科にも行かず、自分がうつ症状であると意識下では思っていないし、他の人にそう思われたくないと思って生きてきました。

うつっぽくなると、身体が動きません。意識下では企画を考えないといけない、動かないといけないと思うのですが、身体がまったく動いてくれないことが多々ありました。すごく苦しいんですよね。

二〇一八年の七月頃になって、生まれて二回目の精神科に行くことにしました。なんてダメな人間なんだろう……と思いながらも、どうにかそこから立ちあがっていかないといけないと思って精神科に行きました。精神科のクリニックを訪ねると、平日の昼の時間帯にも関わらず待合室にはいっぱい人がいました。「これからどうすればいいだろう」、こんな声が自分の中で浮かんできていました。診察では、気分変調症という名前の症状だと診断されました。薬を勧められ、通院することになりました。


松本さんとの出会いによって仏教を知り、身につけていったことの一つが、「判断・評価を保留すること」です。「言霊のレストラン」の制作過程で、エゴの中に生じてくる考えを手放そうとしてきました。

これは良くない、これはいい、こうすべき、ああすべき、自分は優れている、劣っているなどと、自分自身に対する価値判断や評価、さらには自分自身が他人に対して行う価値判断や評価の声が常にとめどなく頭の中でリフレインしていた状態から、より意識の中が平穏になっていきました。

さらにうつが緩和していったのは、何が浮かんできてもOKと思えるようになってきてからです。人としてこんなこと考えていいの？　と思えるようなことが頭に浮かんできてもOK。自分を否定してしまう声が湧いてきてもOK。何も浮かんでこなくてもOK。

このように、頭に浮かんでくるあらゆることにOKを出していくと、どんどん症状は緩和していきました。うつは自分の考えを否定することによって悪化していくのだと思います。そのような思考のプラクティスを繰り返していきました。

緩和後と以前の感覚との違いは明らかでした。意識は明晰で、自分を責めることもなく、意欲もおのずと湧いてきました。もう迷いなく薬を飲む必要がないと思えたほどです。精神科の先生には、最低六ヵ月は薬を飲めと言われていたのですが、自分の身体感覚を信じて、薬を飲むことをやめました。それ以来、ほとんどうつ症状はなくなりました。

身体はどこへ向かうのだろう

心の感覚や身体的な感覚が重要だと思い始めたのは、アーティストであり俳優の小木戸利光さんがやっていらっしゃるTheatre for Peace and Conflict Resolution（ＴＰＣＲ）のプログラムに参加したことがきっかけでした。ＴＰＣＲは本来の自分自身の心の声や素質や能力に目を向け、それを活かして生きる方法を模索することができるプログラムです。

特に、小木戸さんがよくおっしゃる言葉に「心の声」と「身体が心地よい方向へ」というものがあります。私自身、お寺の世界の規範に悩み、そこの規範ではこうすべきかもしれないけど、自分の本心はそうではないという時、特に葛藤してきました。葛藤している時には意識の中でさまざまな考えが浮かんできますが、その意識を整えるのに効果的なものの一つが、身体感覚に目を向けることだと小木戸さんのワークから学びました。

普段の生活の中で身体的な心地よさを感じているか？　という点を大事にしながら生きるようになったことで、頭でっかちだった頃と比べると身体感覚を大事にしながら生きるようになってきています。

自分の中にあることを抑圧しないこと

もう一つ、小木戸さんに学んだことは「弱さ」を大事にすることです。自分が率直に感じたことを周りとの関係性の中で伝えるようになりました。強がることを止めようと思いました。

ホームレスになった時にも、そのことを社会実験と言い張り、家のお金を払う余裕がないと認めることができませんでした。うつ的な状態になった時も、うまくサポートを求めることができませんでした。いろんな場面で自分の弱さを開示することができず、身の回りの世界との関わりではつねに自分の殻を作っていたのだと思います。

少しずつ、自分が出していなかった部分を出してみる。これを通して明らかに周りの人たちとの関係のあり方が変わってきています。人から受け入れられていると感じることが増えてきました。また自分の弱さを出すようになってきてから、周りの人たちが前は話さなかったことを話してくれるようになってきています。弱さの開示が、周りの人の弱さの開示につながり、それを通して仲が深まっていきます。弱さがあるから育っていくものもあると、身をもって痛感しました。

自分が自由になりたいという執着からスポンと抜けた

二〇一八年の後半になって、急に自由への執着がスポンと抜けました。別に取り立てて事件らしき出来事が起こったわけではないのですが、明確なシフトが起きました。

これまでの自分は五年以上、「自由になりたい……!!!!!」という思いを抱き続けていました。

SNSなどで、いわゆる「すごい人」っていますよね。そういう人のキラキラした投稿を見ると、胸がかきむしられるような思いを抱くことがずっとクセになっていました。

「なんで自分はああなれないんだ。世間から評価されないんだ」と、頭の中は嫉妬の嵐が吹き荒れていたのです。承認欲求が強かったんだと思います。

自分を責めて、原因を求める。今の自分を否定して、未来の理想化された自分しか受け入れることができない。そういうサイクルの中で生きるのはしんどかったです。ポジティブ！　ポジティブ！　ポジティブ！　と拍車をかけていって、いつまでたっても今の自分自身は受け入れられなかったんですよね。

そのサイクルから、スポンと抜けました。ふと気付いたんです。自分のことを見つめてみた時に、「どれだけ自分だけが自由になることを求めてきたんだ」と。「ほかの人たちが自由になっていくことを助けていけば、自ずと自由になっていくんじゃないか？」と思い始めたのでした。

この考えにいたるうえで、キーワードとなったのが、タイの開発僧プラユキ・ナラテボーさんがよく口に出してらっしゃる「自他《じた》の抜苦与楽《ばっくよらく》」という言葉でした。

「抜苦与楽」は、苦を抜き、楽を与えることです。自分が苦を手放し、楽になっていくだけでは不十分で、他の人が苦しみを手放し、楽になっていくように関わっていきます。また他の人のことだけを扱っていくのでもありません。他の人のことを考えるあまり自己犠牲をして燃え尽きてしまう必要もありません。

過ぎてゆく日々の中で、常に押さえるべき行動指針として私は意識するようにしています。

ほかの人たちのために尽くす。これが地でできている人は心からすごいなと思っています。大学時代の頃から、利他の精神を持っている人たちと話していると、「なんでここまでほかの人のためにやれるんだろう」と思い、自分自身を責めることの連続でした。私は自己の抜苦与楽に集中しすぎてしまって、長らく周りとの人間関係もぎくしゃくしたことが多かったように思います。

自他の抜苦与楽、とくに他の視点を持つようになってきてから、周りの人たちの関係が明らかに変わってきました。

自分のあり方が変わり、ほかの人への働きかけ方が変わっているので、おのずと伝わります。前よりも何かに招待されたり、相談されることも増えました。SNSでも周りの人たちからの反応が増えました。身の回りでは感謝されることが増えました。

ほんの数カ月前とはあまりに違う世界に衝撃を受けました。早くこの地点に到達できていればよかったとも思う一方で、さまざまな過去の苦しみが今に活きていることを心から実感しています。

そう考えると、今抱えている葛藤もその活かし方次第で未来を作っていく動力源にしかなりませんし、今葛藤することにすら感謝するようになってきました。

小学校の時の不登校の経験も、言葉を使うのが苦手で長年劣等感を感じ続けていたことも、自由を求めて苦しんだことも、全てが自分自身を作る糧として味方になってくれています。

葛藤を活かして生きる

人種やバックグラウンドに関わらず、この世界に生きている中で全く葛藤することがない人はいないと思います。特に葛藤は過度期に生じやすいのではと思っています。

過去から紡がれてきたものを見つめ直すことも重要で、これまで続いてきたからという理由で惰性で続けているものを手放してもいいのかもしれません。本当に大事だと思うものをしっかりと受け止めて、それを未来につないでいくことも重要です。

それらの問い直しには精神的・感情的葛藤が伴います。人生の中で何度も起こってくるものですから、それらをよりよく扱うことができることは、人生の歩みを進めていく時にエネルギーの源になってくれます。

私は、おそれによるコントロールが横行する世界ではなく、絶対に成り代ることができない人同士がお互いを活かし合うことができる世界に生きたい。そのためにはまずは自分自身が自らのおそれと向き合っていき、周囲の人たちとの関わりの中でおそれを手放す実践を行なっていきます。

特に、その葛藤の中を生きている人の象徴が「後継者」だと思っています。何らかの資産、財産、人のつながりがあるところにたまたま生まれ育ったバックグラウンドを持ち、周りの人たちが当たり前のようにその人が継ぐことを前提で考えている中で、自分自身の心の底から湧き出してくる意志を表明して生きることができる人たちばかりではありません。世の中で注目されるのはいわゆる成功した後継者の方々だと思いますが、その方々以外にもたくさんの後継者がいます。その方々が真に可能性を体現して生きることができるよう尽力したいと思っています。

また、象徴的な方々のもう一つが文化の継承者です。華道、茶道などの道がつく領域の文化の実践者をはじめとして、落語や歌舞伎など古典芸能の実践者など、これまで続いてきたものを継承していこうとする方々もまた、これまでの過去の慣習との関係の中で葛藤を経験する方々だと思っています。

明治維新の歴史的な大転換の後、西洋文明の影響を受けて、日本でもたくさんのチェンジが起こってきました。多くのチェンジに対応して、私たちの内面の世界もトランジションしてきました。

そして現在、さらに出来事が次々に生まれ、たくさんの「チェンジ」を体験するようになった今、内的な世界を扱う技術がとても重要なものになってきています。

日本人は自然と調和しながら一時も変わらず変化し続ける自己の在り方を大事にしてきたのだと思います。エゴを肥大化させるのではなく、エゴを手放し続けるためのエッセンスが日本文化にたくさん埋め込まれています。終わりなき「道」の探求者の方々はそのいい例です。文化に埋め込まれているエッセンスが、これからそれぞれの領域の担い手の方々を通して再度私たちの生活に活きる智慧として取り戻されていってほしいと思います。

エゴを手放していくことの実践は、葛藤を扱う技術を高め、それを活かす不断のトランジションを可能していくことでしょう。

私が目指す世界

このように人生の旅を経て、今の私はコントロール・義務・管理で成り立つ世界から、自ずから異なる人々の感性が活かされる真に持続的な世界への移行を促していく活動を進めています。

後継者の方々がエゴを手放すことを助け、その人にしか体現できない能力を開花させるためのトランジションセッションや、全国各地の文化作りの当事者の方々と出会い、その方々の声を可視化していく企画など、伝統・文化・継承をテーマにしながら持続可能な社会を身の回りから体現していくべく動いています。

令和の時代が、誰も犠牲になることがない健やかな仕組み、活動、サービス、プロダクトなどが次々に生まれる時代になっていくことを祈ります。

持続可能な世界が形作られていく時に、その鍵になるのは、一人一人が持続可能な生き方を育んでいくことなのだと思います。その根源にあるのは人の心です。エゴにまみれるのではなく、美しい心が集って文化が生まれ育まれていきますように。

このような活動をするようになったのも、これまでお会いしてきた方々、出会ってきた

もの・こととの全てのご縁のおかげです。読んでくださっているあなたとお会いすること
も心から楽しみにしております。

第三章　リアルな悩みを分類してみた（二〇代・三浦が感じていること）

前章では、三浦の人生をみていくことで、トランジションとはいったいどういうものなのかをお話ししてきました。そのなかから、おそらく多くの人に共通しているような悩みを抜き出して、それぞれ分類してみました。

「将来何がやりたいの？」

夢がないといけないのか？

「何かやりたいことはある？」友達や先生、知り合いや同僚からこのような質問を受けることがあるでしょう。似たような質問でいうと、「夢は何なの？」という質問もあります。

私はこのような質問が学生時代からとても苦手でした。自分が将来何やってるかなんてわからないのに、それに明確に答えなくてはいけないということにプレッシャーを感じてきました。質問されるたびに感じていたのは将来確固たる夢や目標を持っている方が優れているよね、という世の中の価値観でした。そんなもの気にせずに生活していればよかったのですが、将来やりたいことがある理想像の私とそれを持っていると言えない私とのギャップに悩み続けてきました。

私がこの手の質問に苦手意識を持ったのは大学時代からです。大学生の頃、大学の交換留学に出願するために英語の勉強をしていました。基本的に独学でしたが、英語の勉強の仕方を共有するコミュニティにも所属していました。そこで違和感を抱いたことを覚えています。

「夢を持ちなさい」

そのコミュニティの人たちは夢を持つことの大事さをいつも語っていました。私も夢を持つこと自体は素敵なことだと思っています。しかし、その場所では、どこか「夢を持っていないと劣っている」という価値基準の物差しがひかれていたように思います。その頃の自分には将来これに身を捧げるんだという夢はありませんでした。それではそのコミュニティでうまくいきませんから、「世界一の寺小屋を作る」ということを掲げていたのですが、まったくしっくりきていなかったのです。それはまるでハリボテのように空虚なものでした。

コミュニティに関わらなくなったあとには、そのハリボテは心の中で破り捨ててしまいましたが、心のどこかで「将来したいことがない＝劣っている」という図式が自分の中にはびこりつづけてきました。それは大学を卒業して社会人時代になっても続きます。これは前章でも書きましたが、たとえばＳＮＳでやりたいことを実現しているキラキラした人たちが発信している投稿を見たときには、よくそういう感情に囚われました。言葉にならない感情がクシュクシュとからまり合うように、行き場のない苦しさを抱えていたように思います。

「夢を持った方がいいよ」という大人に冷やかな敵意を向けていましたし、情熱を持って活動している同年代に劣等感を抱いてきました。そして、いつも視点は自分の内ではなく、外に向いていました。自分の中に「将来したいことがない＝劣っている」という価値基準があって、それを手放すことができないのだと内側の方に目を向けたのは、ここ二年ほどのことです。

頭の中でジャッジメントが止まらない

やりたいことを問われ続けていく中で、私たちは「それっぽい答え」を作り出せるようになっていくと思います。私が大学時代に「世界一の寺子屋を作る」という言葉を出したように、です。それは自分の中でしっくりくるものでは全くありませんでしたが、そのような言葉を掲げないといけないと思い込み、なんとか作り出したハリボテでした。

このやりたいことに関する同世代の方々の相談はとても多いです。まずやりたいことがないと悩んでいるケースが一つ、そしてやりたいことがあるけれどそれでいいのか自信が持てないというケースもあります。

また、頭の中のジャッジメントが際限なく起こることに加えて、「自分の頭の中で違う人が語りかけてくること」が起こることで未来のイメージを否定してしまう傾向が強い人もいます。

たとえば何か未来のイメージが浮かんできた時に、母親が自分に向かって、「あなたはできないわ」という言葉をかけてくる心のクセを持っている人もいます。心の中の映写機が自動的にONになり、自分に声をかけてくるのです。

しかし、自分の中で自分が作り出しているだけで、実際には言われていないのです。

ポジティブに生きないと

ポジティブ、ポジティブ、ポジティブ、ポジティブ!

二七年間生きてきて、物心がついてからずっと「ポジティブに生きないといけない」というふうに思ってきました。社会の中で生きていると、「ネガティブに生きた方がいいよね」っていう人ってとても少ないと思います。むしろ「ポジティブ万歳」という感覚を持っている人がとても多いと思います。私もずっとそういうふうに思っていたのですが、本当にポジティブ万歳でいいのだろうか？　と考えはじめてから、そうでなくてもいいのではないか？　と考え始めました。ポジティブばっかりだと息苦しくないですか？

小学校の時には一年ほど不登校になった時期がありました。その一年が終わっても毎年五〇日くらいはコンスタントに小学校を欠席するようになりました。その中でずっとポジティブになれない自分を責めてきました。

特にコミュニケーションをとることに対するコンプレックスや他の人からどう思われるのかということへのコンプレックスは常に抱えていました。次第に「今の自分を変えたい」と常々思うようになりました。高校の時にはよく自己啓発本を読んでいました。おそらくその時期には自分をプラスの方に変えてくれるものを切望していたんだと思います。そうした自己啓発本を読んでいると「ポジティブに生きよ」という言葉によく出会います。うるさいくらいにポジティブ・ポジティブ・ポジティブです。誰もネガティブの方がより良いとは言わないし、それらを自分の中に刷り込んでいく中で、ポジティブに生きていこうというふうに自分でも考えることができるようになっていきました。ただ、これが自分をこじらせていく下準備にもなっていた気がします。

この傾向は大学時代にカナダのケベック州に一年間留学した時に強化されました。ハッピーに生きているように見える人が多かったです。表情がすごく明るい。私はそこの空気感を自然に吸収しつつ、ポジティブが大事だという信念はより強化されたと思います。

ネガティブであってはいけないという抑圧

しかし長年ポジティブが大事だと思いつつも自分の中で起こっていたことは自分の持つネガティブ性の抑圧だったと思うのです。ネガティブであってはいけないというふうに強く思っているからこそ、自分のそういう感情を否定し続けていました。何か出来事が起こった時に、それをポジティブに捉えようとするし、ネガティブに捉えた時にそれを否定して、「いいやそうじゃない、ポジティブに捉えられるんだ」という解釈をしようと努め続けていました。でもそうやって、頭でネガティブはいかんと命令し続けていると面白いことが起こっていくんですね。感情をありのままに感じることができなくなっていくのです。

脳科学の研究によると、人間には理性的に判断する機能をもつクールなシステムがあるとのことです。また、本能的で反射スピードが早く、脳部位の大脳辺縁系、線条体、扁桃体などが司るホットなシステムも同時に動いています。ホットシステムの方がより根源的な脳の古い部位が関わっているのですが、私がやっていたのはクールシステムで自分の感情をおさえこもうとすることです。本能的な部分を否定し続けていくことで、いつの間にか不感症な自分が成り立っていきます。

曹洞宗僧侶の藤田一照氏は『感じて、ゆるす仏教』(角川学芸出版、二〇一八年)の中でクールなシステムを「考えるシステム」、ホットなシステムを「感じるシステム」とし、その二つのシステムは両立することができないという指摘をしています。

自分自身に起こる出来事を嫌だと認知する時ってありますよね。その嫌だという気持ちを抑制していくと不思議なことにそれを感じなくなっていきます。というよりも、感じているはずなのに、さもなかったように認知し始めます。これが積み重なっていくと身体的な不調につながったり、精神的な不調につながっていきます。

仕事をしていると、ネガティブな感情を出してなんていられないと思ってしまうのも無理はありません。「上司と話している時にネガティブになっているとどう思われるだろう」とか、「取引先の人に迷惑はかけられない」とか、いろいろ頭に浮かんでくるのではないでしょうか？　社会の至るところで感情の抑制は起こり続けています。面白いことに、感情の抑制を自分の中で行っている時、それを他の人にも求めてしまうという傾向が人間にあるのではないかと思います。

感情を抑圧していると、他人の感情の出方も気になってしまう

自分が抑制している感情を他人が我慢せずに出している人がいると、無性にイライラするということはありませんか？　別にその感情を抑え込もうとせず、否定もしていなければ、他人の振る舞いにイライラする理由もありません。知らず知らずのうちに相手も「感

情を抑え込むべきだ」という連鎖を引き起こしているときには注意が必要です。

自分の中の抑圧構造は他の人にも適用され、そういう抑圧構造を周りの環境にも作っていくことになります。社会全体がそういう感情の抑圧構造にあるのではないかと私は感じています。

科学がもたらす感情のカテゴライズ

この背景には科学の進展の影響もあるのではないでしょうか？　現在、科学的な証明がとても意味を持ちやすい社会になっているように思います。心理学の分野では、感情のカテゴライズが盛んに行われています。ポジティブ・ネガティブというのも便宜的につくられたカテゴライズでしかないのです。ポジティブ心理学という学問分野もあるくらいですから、人の関心は「どうすればポジティブであることができて、成果が出せるのか」ということに向いているような気がします。

感情をどのように扱えばよいかわからずに消耗してしまう例として、Ｆさんのケースをご紹介します。Ｆさんは昔からうつの傾向があり、ポジティブであれない自分自身を責めてきました。自分なりに感情を扱う方法を模索する中で日々の感情を紙に書き出してメモし、感情に名前をつけるという習慣を過去にもっていました。しかし、徐々にカテゴライズの副作用を体感するようになったようです。名付けようがない感情で苦しい時に、カテゴライズすることに執着してしまう自分がいたと言います。また、この習慣の前提には「ポジティブにならなきゃ」という思考の前提があったがゆえで、そう思えば思うほど苦しくなっていったようでした。

感情が湧いてくるままに受け入れることとカテゴライズしていくことは異なります。感情のカテゴライズはそれを通して安心することもできる一方で、苦しさにもつながっていく可能性があります。

感情には価値がない？

近代社会では科学が伸びてきました。これとともに価値が置かれたのが「ロジカルに考えること」の重要さです。逆に「感情的」という言葉にはネガティブな印象を持つ人が多いのではないでしょうか。そこには近代社会の中で形成されてきた「ロジカルに考えることとは感情を扱うことよりも優れている」という固定観念があるのではないかと思います。

「思い通りにいかないこんな世の中じゃ……」

思い通りに動かない他人とイライラする感情

ある友達がこのように言っていました。

「仕事の部下が思うように動いてくれなくてイライラしてしまうことがあるんだよね。成果をあげなくちゃいけないから、気持ちよく動いてもらう必要があるんだけど、それぞれの人の仕事へのモチベーションが違いすぎて。『なんで動かないの！』と心の中で思うことがたくさんあるよ」

仕事場であれ、家庭内であれ、そのように「他の人が思い通りに動いてくれない」と思い悩んだことがある人は多いのではないでしょうか？

私のセッションを受けているSさんは、思い通りにならない他の人にやきもきするというパターンによく悩まされています。会社の上司はいわゆるロジックを優先するタイプで、Sさんは感覚的に説明するタイプとのことです。普段関わる人たちの中には感覚的なところを大切にしてくれる人も多く、多少話の論理が飛躍していても面白がって聞いてくれる人が多いようです。しかし上司にはそれが通用しない。働いていく中でロジカルに伝えることを意識したら、前よりも伝わるようにはなっていったようですが、なかなか大変だと語っています。何度も何度も「なんで感性を大事にしてくれないんだ！」とイライラが募ったようです。イライラしてはそれを抑えての繰り返しでした。

年を重ねるたびに物事が思い通りにならなくなっていく

また三〇代の知り合いの方と話す時によく話に出るのは、結婚と子供ができた後の思い通りにいかないことについてです。自分一人でお金の配分、時間の配分、ありとあらゆることを決めることができていたのに、他の人と一緒に生活するとなると思い通りにできない場面がたくさん出てきます。子供ができるとそれはより顕著になります。公共の場などの泣いて欲しくない場所で泣き始めたり、家でおもちゃ箱をヒックリ返して散らかしてしまったり、子供ができると自分がコントロールできない割合が増えていくのではないでしょうか？

罪悪感におしつぶされそうです

罪悪感という呪縛

「みんな残って働いているのに、どうしてお前は早く帰るんだ」

「あなたは仕事で忙しいといつも言い訳して、全く帰ってこないんだね」

ここ最近、このような発言を受けて罪悪感を感じましたか？

私はとても罪悪感を抱きやすい人間でした。他の人から「〇〇すべきだ」というふうに言われると、安易にそうできない・しない自分自身に罪の意識を感じてしまうことがたくさんありました。また自分の発言をきっかけに他の人の表情がネガティブに変わった時、その表情を見ると罪悪感が吹き出したのです。よく「ごめんなさい」という言葉を口から出していました。謝らずにはいられませんでした。子供の頃はそんな自分自身を俯瞰して捉えることができているわけではありません。まさに罪悪感に翻弄されてきました。ものすごく苦しかったです。

それから、多くの人と話していると、それは自分だけが抱えてきたものではないことがわかってきました。

罪悪感を抱く中で行う行動は、主体的なものというよりも義務的なものではないかと思っています。罪を償うための行動ですから、周りの人の基準が満たされるまでは解放されません。周りの人もそういう罪悪感を抱く人に対して高圧的になる人も多く、抑圧的なコミュニケーションが発生します。そうすると罪悪感はどんどん大きくなります。

そのようになってしまうと、罪を問われるような場面でなくとも自発的に罪悪感ネットワークをONにしてしまいます。こういった罪悪感を抱きやすい人、周りにもいるのではないでしょうか？

罪悪感の構造

たとえば朝起きるのが苦手で、毎朝七時に起きたいのに九時まで寝てしまうという人がいるとしましょう。その人は毎回起きる度に、早く起きることができていないことを認識して、罪悪感を抱きます。早起きは三文の得という言葉があるように、多くの人は早起きすることを肯定していますが、この人の場合、本当に七時に起きなければならないのでしょうか？　世間の話はあくまで参考にしかなりません。自分の中で七時に起きることができるのがより良いという価値基準の物差しを設定しているからこそ、理想と現実とのギャップで苦しむことになります。

より深刻なケースもあります。家で常に期待されて育った人がいるとします。周りの親戚もいい大学に行ったから、あなたもそうなるのよというふうに常に家族から言われてきた人もいますよね。家族がそれを無意識のうちに繰り返していくことで、どういう状況になるのがよりよいのかという理想が、その人の内面の世界に作られていくことになります。私たちはよく身近な周りの人たちが持つ価値基準の物差しを自分に内面化し、自分の物差しとして活用しますが、これで苦しくなってしまうこともあります。

子供心ながらにそれに応えようと頑張るかもしれませんし、それに反抗することもあります。長年のやり取りの中で作り出されている物差しを簡単に捨てることはできませんから、たとえその物差しを持っていることで自分の感覚が抑え込まれていても、これまで通り同じ物差しを持ち続けようとしてしまいます。

この罪悪感の構造は社会の中で至るところで張り巡らされているのではないかと思います。私だってその一旦を担ってしまうことがよくあります。社会システムの中で当たり前だと強く思われていることであればあるほど、そこから脱することが難しいです。

社会システムを維持しようとする力はとても大きなものです。社会システムから逸脱するような動きが起こるとシステムの維持が難しくなるため、それを戻そうとする慣性が働きます。他の人にルールを守らせようとする際に、罪悪感を持たせて行動を抑制する人もいます。親や上司など、子供や部下が自分の期待通りになることを望んでいる人も、その期待の枠組みから彼らが外れていこうとすると罪悪感を持たせるようなコミュニケーションを取るでしょう。

ポイントはそれを無意識でやっている人が多いということです。良かれと思ってやっていることが多いです。

ラベルを貼りがち

世の中はラベルだらけ

これを読んでいるあなたは、あなた自身をどのようなラベルを使って説明しますか？世の中には関係性を表すために使われるさまざまな意味の記号としてのラベルがたくさんあります。仕事場では上司・部下、家庭では父・母・兄弟・姉妹、先輩・後輩などたくさんありますね。また社会的な役割を説明しているものもあります。肩書きはその一つです。科学者・アーティスト・哲学者・執筆家・編集者・マーケターなど、何をやっているのかを説明するラベルたちです。

このラベルは社会に生きていく上でコミュニケーションを円滑にするものだから、とても便利です。でも時折ラベルがないと不安でしょうがなくなることもあります。

私はお寺に生まれたのですが、「お寺に生まれた子」と思われることがとても嫌でした。一〇歳くらいから自己紹介の時にお寺出身だと言うと、次に返ってくるのは『継ぐの？』という三文字。昔から、継ぐの？　という質問は自分の運命が生まれながらに規定され、不自由になってしまうような感覚になるので好きではありません。

私はお寺の生まれという社会的な意味が発生しやすいラベルを持っていると、「お寺は当たり前のようにそこに生まれた人が継ぐべきだ」という固定観念を持った人たちから、そうすべき、こうすべきと何度も言われるものなのだなということを学んでいきました。それは私にも、「継ぐべきだ」と話す相手にも悪気がなく、ただそういうものだと自動的に判断してやり取りをしているだけのことです。ただ、お寺に生まれたことが自分にとってはまったくおもしろくないものでしたので、言われるたびに辟易しました。

大学時代には京都大学に進学しました。お寺に生まれついて、「後継者」というラベルをつけられてしまうことに比べると、「京都大学の学生」というラベルは自分で得ようと思って得たものでした。しかし、そこでも悩みました。本当に些細なことかもしれませんが、「京都大学」というラベルを使うと他の人の振る舞いが異なってしまうということを経験していきました。たとえば他の大学生と会う機会があった時に「どこの大学ですか？」と聞かれ、「京大です」と答えると、中には「アッ」という心の声を出した後、急によそよそしくなってしまう人がいました。大学の優劣というヒエラルキー構造が内面に刷り込まれていたのかもしれません。

私たちは思った以上にラベルで人を認識し、そのラベルが見せる虚像に影響を受けているのかもしれません。

ラベルをつけると安心できる?

わかりやすいラベルを求めてしまう方もいると思います。私たちは関係性にラベルをつけてあげないと、不安なのかもしれません。自分は何者なのか、相手は何者なのか？　というラベルを掴むことによって安心します。どこか私たちはラベルをあてられてこうあるべきだと決められてしまうことは嫌がりますが、同時に一生はがれないラベルを喉から手が出るほどに求めている側面もあると思うのです。

たとえば結婚し、夫・妻が欲しいという気持ちの人もいると思います。生まれてこの方、周りに結婚をしている人というのはたくさんいますから、いつかは結婚しても当たり前だと思ってもまったく不思議ではありません。しかし、時折、「結婚している」「夫婦」というラベルが欲しくてたまらないということが先行している人もいます。その背景には「他の友達がどんどん結婚していくから焦ってしまう」とか、「子供が欲しいから」とかそういう理由がありますね。

注目したいのはおそれに基づいてラベルを求める時のことです。そのおそれが解消していかないとラベルを獲得しても同じような悩みが発生していくことになります。

こう思われたいというラベル

本を書くためにヒアリングをしたTさんは社長と認識されたいと思った時期があり、その時の心境は上記のような心境と多く重なるようです。大学を卒業する間際からご縁があって経営者の方々との関わりが多く、あこがれる中でそのラベルがほしくなったようです。そのラベルは彼にとってキラキラしていました。会社経営をしながら生きている人たちの仲間入りをしたいと切望していたとのことです。その時、常にあったのは「今の自分ではない何者かになりたい」という思いだったと語っています。

また、私のラベルの話で恐縮ですが、発達障がいのラベルに苦しんだことを思い出します。最近ではよくそのキーワードをメディアの文章の中に見ますすね。私は発達障がいでいう「ADD」と呼ばれる「注意欠陥性障がい」の傾向がよく出ます。とにかく忘れ物が多いです。また注意があっちこっちにいくので、何かに集中することがとても難しい場面も多い。たとえば打ち合わせがある時に、最初は集中しているけれど、頭の発想はミーティングとはまったく違う方に行ってしまって、そこから発想がつながりミーティングに意識が戻ってこないということがざらにあります。短期的に情報を覚えるメモリも少なく、メモをしておかないと次々に忘れます。

時は流れ、会社で働き始めた後のことです。それまでに自分は発達障がいという言葉を知っていました。ですが、それは自分には当てはまらない！　と強く拒絶していました。実際に発達障がいについて書かれている文章を読んだ時にあてはまる気がする項目が大量にあるにもかかわらず、自分はそれにとらわれたくないと思い続けていました。囚われたくないということに囚われていたのです。囚われていない人は話に出すことすらないかもしれませんが、私はこれには当てはまっていないと何度も頭で反芻していました。

なぜそこまでその枠組みを拒否していたのかというと、発達障がいの人を下に見ていたからです。その人たちと一緒にしてほしくないと思っていました。

仕事場でどうしてもケアレスミスがなくならず、精神的に参ってしまう時期が訪れました。その時、自分を責めることが頭の中でエンドレスに起こりました。「どうしてできない」「自分の能力がないからだ」「どう努力すればいいんだ」「おれは発達障がいじゃない」「変わらないと」、このような言葉が雪崩のように自分の頭の中を覆い、その中で息をすることもできず窒息してしまいそうな日々が続きました。そこまでぐちゃぐちゃになった後でも、「変わらないと」という思いはボロボロになった心の中で何度も何度もリフレインしました。

最終的に仕事を辞める直前の時期には初めて精神科にいくことにしました。絶対に精神科になんて行かないと思っていました。でも、あまりにもしんどくて、しかもそのしんどさを自分で認めることができなくて、行き着いた先は「診断されたい」という思いでした。あれだけ診断されるというラベルを嫌がっていたのにです。その時には、診断されたら救われると思っていたのです。自分の特性が特徴的だから仕事のミスがあり業務をうまく進めることができないのだと外からお墨付きをもらいたかった。バカみたいでしょ？でもこれが私の辿ってきた道のりなんです。

精神科での診断を経て、私には発達障がいというラベルがついているんだということが何度も頭にリフレインし続けました。何かミスをするとラベルの存在がピコン！と音を立てて戻ってきます。そのたびに嫌な気持ちになりました。それを求めていたのにかかわらずです。社会の言説ではまだまだ発達障がいは「障がい」というくくりで捉えられることが多いです。社会的な価値基準に影響された自分の価値基準を握りしめていたのだと思います。

このように私も不安からラベルを猛烈に求めたり、関係性に名前を付けられることを嫌だと思ったり、さらには関係性を名付けないと不安でしょうがなくなったりと、ラベルに翻弄される人生を送ってきました。

ラベルには社会的な規範がつきまといます。さらに「こう見せたい」「こうは見られたくない」というエゴや「こうあらねばならない」という考えの前提が反映されます。どこまでいってもラベルは自分たちが作り出す概念でしかなく、私たち自身をありありと映す鏡にはなりえません。

それって自分のせい？　それとも他人のせい？

誰かのせいにしたい

小さい頃から何か物事が起こった時に、「それは誰のせいなのか？」ということをはっきりさせないと不安になるという考え方を私は小さい頃から続けてきました。

特に物事の原因を自分のせいだと決めつけてしまうクセがありました。自分でも、なぜそのような思考のクセを身につけていたのかわかりません。物心ついた時にはそのようになっていました。そのような認知傾向を持っていることに気づいたのは大学生以降のことでした。

自分のせいにしてしまうことはかならずしも人生の中で常にマイナスに作用してきたわけではありません。むしろそれが一見プラスに作用することもたくさんありました。

たとえば、受験勉強の時や大学時代に留学するために勉強した時期には、その恩恵を得たのも確かです。留学準備時のことです。TOEFLという試験ですごく低い点数を叩き出しました。その結果を受けて、ただ単に自分の努力が足りないせいでそうなったのだと思いました。勉強時間を確保するためにサークルやバイトを辞め、勉強するしかない状況を作り出し、自分に言い訳できない状況を作っていきました。原因を自分に求めたからこそ、素直にそのように行動できたのだと思います。

しかし、なんでもかんでも「自分のせい」だとしていくにつれて、その思考のクセは次第に厄介になっていきます。特にコミュニケーションに関して物事がうまく進まない時に自分のせいだと必要以上に思い込み、すごく気分が落ちてしまうということが多かったのです。何か相手に言った時に、相手の表情が変化したとします。そうすると、自分が気に触ることを言ってしまったから気分を害したに違いないというふうに即座に考えてしまい、自分のせいだ……という罪悪感を抱き、それ以上発言できなくなるということを数多く経験してきました。

ビジネスを始めとしたさまざまなところで、他責（他の人のせい）にするのではなく、自責（自分のせい）にしようという言説が出回っています。物事を自分ごと化して、責任を取る方がより良く、周りの人のせいだとすることは劣っているという信念です。

一方で、何かが起こった時に「他の人のせい」や「自分以外の外的環境の何かのせい」にして、自分のせいだと認めない人もいます。

他の人のせいにしやすい人と自分のせいにしやすい人とがセットになると、その傾向に拍車がかかります。片方は相手のせいにし、もう片方は自分のせいにする。その関係は持続可能なものではありません。

「〜のせい」という思考の仕方を育んできたのは、生存する過程で必要だったのかもしれません。心の防御反応として学んできたのかもしれません。心理学の分野でも「〜のせいにすること」を研究する原因帰属というカテゴリーがあるくらいです。文化によって、何に原因を求めるかの傾向が違うという研究もあります。

自分のせいにすると何がよいのでしょうか？　自分のせいにすると、いざこざが起こった時にその場を手っ取り早く収めることができるかもしれません。また違う場面では、自分のせいにすることで自らの改善点を見つけるきっかけとすることができ、能力を向上させるきっかけにすることができます。他の人がネガティブな感情になることを過度におそれるがあまり自分のせいにするという人もいます。

一方、自分以外のせいにすると、自分自身が傷つかずにすみます。責められることは多くの場合、心地よいものではありませんから、その矛先が他の人や物事に向けば安心できますよね。人は一般に自分自身が否定されることを避けようとしますから、自分が責められないように回避するのです。恐怖心はとてもストレスフルです。

しかし、自分が抱えている課題を見ずにそれを相手に押し付けてしまうことを続けても、本質的な課題の解消は訪れません。

比較するのが止められない

頭の中にリフレインする言葉たちに苛まれた

仕事を辞める時、そしてその後に関わったアートチームを抜ける時、それらの団体に関わっていた人たちから「あいつは価値がないやつだった」と認識されることが怖くてたまりませんでした。

仕事を辞める半年前くらいから、辞めることが頭にちらつき始めていました。まだスキルが足りないから頑張ろうと何度も言い聞かせていたのですが、その声にあらがうことができなくなり、職場の方針と自分自身の想いが離れていきました。会社に行くだけで自分の素を多い隠し、心のスイッチを切ってしまうような感覚を抱いていました。自分の表現としての仕事という雰囲気は抜け落ち、自己抑制の場所に成り代わっていきました。

仕事を辞めてからも頭には他の人と比較した中で現れてくる「どうしようもない自分」が出てきては消えていきました。業界の中でうまくキャリアを歩んでいっている人たちがうらやましくてしょうがなかったし、自分ではどうしてそのようにできないのかと自分を責めることも多々ありました。

比較の思考習慣が止められない

「他の人と自らを比べてしまう」という思考習慣を長年飼っていた自分にはインターネットはまぶしすぎることもあります。大学の同級生たちにはいわゆる「すごい」ところに就職した人たちもいます。そこと比較されたくなくて就職活動自体をしなかったのですが、根源的には色濃く比べてしまうからこそ、就職活動をしないという選択をしてそこから降りることができているポーズをとっていたのだと思います。

しかし、SNSやインターネットは容赦がありません。「すごい」友達の投稿はキラキラしています。ポジティブな投稿はいい評価を集め、コメントがたくさんつきます。それを見ている自分は何度もみじめな気持ちになりました。それを気にしているにもかかわらず「自分の企画の方がより良いんだ」と自分に言い聞かせてそれらのキラキラしたものから目を離そうとしてきました。

実際にその人たちに露骨に比較されたことはあまりありません。それにもかかわらず自分の頭の中でその人たちと比較してしまい、さらにその人たちに見下されているようなイメージを頭の中で作り出してしまうのです。自分が作り出していることを意識するようになるまで長い時間がかかりました。

第四章　じゃあ、どうする？（ふたりの対談）

松本：ここでは、三章で出てきたそれぞれの悩みについて、仏教的な視点も交えてふたりで考えてみたいと思います。

将来の夢をもつということ

「夢が叶う」ということの実態

松本：学生さんに向けてよくお話しすることがあります。それは「私の夢はこれです」「将来、これを実現したいんです」と表明するとき、それは常に、今ここにこうしてある私の否定を含むということです。夢であれ、目標であれ、ゴールであれ、目的であれ、どんなポジティブな言葉でも同じです。ぜひそのことを忘れないようにしてほしいです。「将来この夢を実現したいんです」と言うことは、つまり「今それを実現できていない私がここにいる」と同時に宣言するのと変わりありません。言い換えると、「私は不完全な人間である」と思うことです。「今ここでは満たされていない私がいて、いつかあれが手に入ればやっと満たされるんだ」と思うことです。

もちろん、夢や目標を持つことは人として自然なことです。「夢や目標を持ってはいけないよ」と言ってるわけではないのです。夢や目標に向かって努力することとは素晴らしいことだと思います。放っておいても、夢や目標は湧いてきますよね。だから、それを素直に受け入れて「よし頑張ろう」と思うのはいいのです。

ただ一つ忘れないでおいてほしいのは、その夢や目標が達成されなかったからといって、失敗の人生というわけではない、ということです。考えてみれば、今の自分が持てる夢は、今の自分が備えている視野から見える範囲のことしか、夢として描けませんよね。今の自分に想像できないことは、描きようがない。そういう意味では、長年の夢が達成されたということは、過去の自分の狭い視野で思い描いたことが達成されただけだから、それがほんとうに成功なのかどうかもわからないのです。

たとえば、わかりやすく言うと、幼稚園の先生から「将来何になりたいですか?」と質問されて、「警察官になりたい」「ケーキ屋さんになりたい」と子供が答えたとします。しかし、その他にそんなにたくさんの職業を知らない中で幼稚園児が言ったことが、将来達成されたからといって「夢が叶って良かった」と言えるかどうか、わかりませんよね。だって、世界は広いから。失敗だとも思わないけれど、成功とも言えない。成功でも失敗でもないのです。

幼稚園児の話は極端な例ですが、たとえば大学一年生のときに描く夢も、同じことだと思います。大学一年生の時に進路を決めて夢を持って努力する、それはとても自然なことです。でも、結果的に将来、その時に思い描いたものになれたら成功の人生で、なれなかったら失敗の人生かといえば、そうとも言えないのではないでしょうか。程度の差こそあれ先ほどのお話と一緒で、大学一年生の視野ではまだまだ限られた可能性や選択肢しか見えません。だから、過去の自分の思いを否定する必要はないけれど、必要以上にとらわれる必要もないはずです。

苦＝不満足というのは、自分にとって嫌なものや遠ざけたいものから逃れる話ばかりではありません。夢であれ目標であれ、実は自分にとって好ましいものや近づきたいものに向かっていくことにも関わります。将来、私が幸せになるための「条件」として夢や目標を持つことは、嫌いなものを遠ざけるのと同じぐらい、自分の心に負担を生む重荷になり得ます。夢は夢として、縛らず楽しめる程度に持つのがいいのではないでしょうか。

三浦：面白い指摘ですね。縛られてしまうという時に頭の中でどういうことが起こっているのかとても気になります。『サピエンス全史』（ユヴァル・ノア・ハラリ、河出書房新社、二〇一六年）を読んでいて納得した箇所があったのですが、人間はまったく存在しないものについての情報を伝達することができ、その虚構を語る能力がホモサピエンスの特質だという内容が主張されていました。

将来の夢や目標という概念も、私たちが人類の歩みの中で社会をうまく形成していくための技術なのだと思います。

ただ、松本さんがおっしゃるように、仏教的視座から見ると、苦を生み出す考え方にすぎないんでしょうね。とはいいつつも、この獲得して磨いてきた武器をどのように使うのかを再考することによって、物語を扱うテクノロジーを使いながらも、それに不幸にされるのではなく、おそれなく人生を生きていくことができるのだと思います。

松本：仏教の考え方に「中道《ちゅうどう》」というものがあります。いたずらに苦しい方向へ進むのでもなく、かといって快楽主義に走るのでもなく、極端に寄らず二元論を超えていく考え方です。釈迦牟尼《しゃかむに》ブッダ自身が、二九歳で出家して、六年間の厳しい苦行を経た後に、苦行を捨てて悟りを開かれました。極端な方向に偏っていたときには悟れなかったものが、中道に身を置くことで悟ることができたのです。私たちはとかく「夢や目標を達成したい」という物語を肯定してひたすら追求するかと思えば、逆に「夢や目標にとらわれてはいけない」と物語を否定してひたすら手放そうとしたり、極端な方向に振れがちです。

しかし、物語は人間が人間である限り、ブッダにならない限り、自然に生まれて来るものです。生きる意欲や活動するモチベーションを支えてくれるものでもありますし、あまり強く肯定も否定もすることなく、上手に付き合っていきたいですよね。特に仲間と一緒に活動するときなどは、やはりそういった夢や目標を持つことで始まることもあります。

目的的思考を手放すには？

三浦：私たちは教育や社会の仕組みのなかで、すごく目的的思考のもとで生きることを強いられていて、目的がない・意味がない、ということに耐えられなくなっているような気がします。

松本：目的的思考ですね。先ほど言ったように夢でも目標でもどんな言い方でもいいですが、これを達成したいと宣言することは、不満足宣言みたいな側面もあるのです。

「これがなければ、私は幸せでないんだ」――これは時として自分で自分に呪いをかけるような効果を発揮してしまうことがあります。この呪いには多くの人が苦しめられているように感じます。幼い子どもの頃は将来のことなんて考えずに無邪気に遊んでいても、教育を受けて大人になる過程で目標を持つことを教え込まれます。何者かになることを求められ続けるんです。その結果、自分がただ今ここにこうして自分として、何者になることもなく存在していいんだと思えなくなってしまうのではないでしょうか。

三浦：同年代の多くは目的的思考で生きているか、そうしなくてはいけないという中で生きていると思いますね。仕事を始めると特にその傾向は強くなっていくと思います。目的的な思考を手放すと、社会で生きていけないという感覚になる人が多いんじゃないでしょうか。自分の場合も手放すのが恐ろしくてたまりませんでした。「松本さんは何を言っているんだろう……」と思いながら、それを手放すことができずに苦しみ抜きました。でもその手放しがついに起こったんですね。

しかしそれが逆に、良いも悪いもないですが、最初は変な方向にいっちゃいました。未来のビジョンをもったらダメだというふうに、逆に縛られることになったんです。結果として「目的を持たない」という目的を持ってしまいました。「私は目的を捨てるんだ！」と意気込んで目的的に生きていましたね。今は、未来のビジョンを持ってもいいし、持たなくてもいいし、どっちでもOKとなったのですが、そうなってはじめてすごく解放されたような心地です。

過度に目的的に考えて苦しくなっている人には、心地よいことや意味もなく楽しいと思える時間の割合を増やしてみるように薦めています。

松本：目的的思考を捨てようと意気込むと、それを捨てることを目的にしてしまうから、難しいんですよね。目的的思考がクセになっていますから。力を入れることしか知らないから、力を抜くことにまた力を入れてしまいます。強迫観念です。それぐらい、しみついているんです。

繰り返しますが、私は努力を否定しているわけではありません。自然に目的が生まれて、それに向かって前向きに努力することは、素晴しいことだと思います。

ただ、目的が達成されなかったからといって後悔する必要はありません。それは、仮のものだからです。目的はたまたまそのときの自分が思っただけのものであり、縁によって変わっていきます。そんなふうに目的を柔軟に捉えている限りは、目的はあなたの心身に健康的な効果を与えてくれるでしょう。しかし、「こうあらねばならないんだ」というふうに、目的に執着してしまうようになると、危険信号です。

「軸思考」というワナ

松本：目的的思考に関連して、もう一つ世間でよく出てくる考えがあると思います。軸思考です。

多くの人がまるで当然のように「あなたの軸はなんですか」という質問をし合っていますよね。就職活動の時にそれを意識する人もいるでしょう。なかなか自分の軸が見つからなくて悩む方も少なくないと思います。

軸思考はどうして生まれるんでしょうか。おそらく「確固たる自分の軸を持たなければならない」と強く信じている人は、「確固たる自分がなければ、他人や環境に簡単に流されてしまう」と信じているんだと思います。実際、就職活動などキャリアの話をする時など、「自分の軸を持っている」ことが好意的に評価されてメリットを得ることで、軸思考が強化されることもあるかもしれません。

自分の軸について語ることで、「自分はこういう人間である」と簡単な言語で表現できるので、コミュニケーションが楽になったり、相手に興味を持ってもらいやすくなるということも確かにあります。その意味で、軸思考を他者とのコミュニケーションの方法として役立てるのはいいでしょう。

しかし、「自分の軸を持つこと」にこだわるあまり、個性的な自分だけの軸を持てないことに悩んだり、無理やり軸を作り出してそれに合わせて自分を演じるようなことになってしまっては、本末転倒です。

演じるということは、言い換えると、自分の軸が個性的に見えるように工夫したり、自分らしさを演出したりしなければ、大勢の他者の中に埋没してしまったり、流されてしまったりすると、心のどこかで不安に思っているわけですよね。そうやってずっと生きていくのは、なかなか苦しいだろうと思います。

三浦：これ、三年ほど前に聞いていたら、固定観念がひっくり返されてびっくりしていたかもしれません。「オリジナルでなければいけない」という呪縛の中で生きている人も多いかもしれませんし、この軸思考で気持ちが楽になる人も多そうだなと思います。

松本：「私」は、誰にも代われないですからね。私が私であることは明白で、誰も私の代わりに私をやることができないわけです。「今から入れかわりませんか？」といっても、かなわないのです。だから本来、自分の軸などあってもなくても、見た目や肩書きがどんなに平凡でありふれていても、それらは全く関係なく、「私」という存在は完全にオリジナルです。

誰にも代わることができない「私」という存在

松本：私が私であることは、決定的に特別なことです。「独生独死、独去独来」という言葉があります。人は一人で生まれて一人で死んでいく。人生は誰にも代わることができません。

私は、誰にも代わってもらえない。私の意識は「ここ」にしかないし「これ」しかありません。物理的な仕事であれば、「ちょっと私の代わりに荷造りしといてくれない？」ということはあっても、「ちょっと私の代わりに坐禅しといてくれない？」というのは、まったく意味がないですよね。当たり前のようですが、それが「成り立たない」ことに対する気づきは重要だと思います。

『〈仏教3・0〉を哲学する』（藤田一照、永井均、山下良道、春秋社、二〇一六年）という本でも、「なぜ私が私であるのか」という問いをめぐって、永井先生が独在論的存在構造について議論を展開されています。あまりにも当たり前のことすぎて、あまり誰も真剣に考えないようなことですが、これは大切なことだと思います。そのことに気づくと、「自分らしさ」という観念がふき飛んでいきます。

「自分らしさ」と言っている時点で、自分がただ今ここにこうしてあることに、安心できていないんですよね。その不安を埋めるために、目的的思考になり、そして目的に向かって我慢したり努力したりすることで、安心できる理由を作ろうとします。「私はこんなに我慢して頑張っているんだから、ここにいていいはずだ」とか、「私はこんなに社会的に地位があって役立っていて、税金も納めていて、だからここに存在していいはずだ」とか。安心感を得られる理由を、みんなが探しています。

でも本当は、自分の存在に安心を与えてくれる理由を自分で無理やり作らなくてもいいんです。藤田一照さんが、「手放してしまえば、すでに地面に足が着いていた」と表現されています。この木から落ちたらおしまいだと思ってしがみついていたけれど、パッと放してみたら、落ちるも何も「おれ、足ついてたわ」ということに気がつくということです。これは『青虫は一度溶けて蝶になる』（藤田一照、桜井肖典、小出遥子、春秋社、二〇一七年）に書かれています。

人は変わってしまう

松本：軸思考を持つ人は、「軸」というからには「一貫して揺るぎない自分の軸を持ちたい」という気持ちがあるんだと思います。しかし、釈迦牟尼ブッダが「諸行無常」、つまり一切は変化して変わらずにあり続けるものなど何ひとつないと言ったように、そんなもの本当は持ちようがありません。昨日考えていたことが今日には変わってしまうのが、人間ではないでしょうか。昨日言った意見は昨日の意見、今日の意見は今日の意見でいいのです。他人を振り回すようなことにならないよう気をつける必要はありますが、自然に意見が変わることは否定せずに、その時々の自分の変化を受け入れることは大事だと思います。

三浦：人は変わり続けるから、変わったら変わったで、その時に正直になればいいという考え方はいいですね。トランジションが起こっている最中には、これまで自分自身が言ってきたことと自分が考えることのあいだにギャップがたくさん出てきます。

「将来は起業する」とか、「〜〜という成果を出す」とか、夢や目標も変わっていきます。変えるのはダメだという世界観から見ると、変わっていくのは正直恐ろしいことかもしれません。しかし、周りの状況が変わっていったら、おのずと考えることも変わっていきます。今の自分に正直になっていくことが、次の可能性を開いていくと思います。

そういえば、嵐が二〇二〇年一二月三一日をもって活動休止すると発表されましたね。その時の会見でリーダーの大野智さんの発言が象徴的でした。「一度、何事にもしばられず自由な生活がしてみたい」という言葉だったと思います。

このケースもトランジションの視点から見るととても面白いです。おそらく、これまで活動してきて、大野さんもただ自由に生活するということを先延ばしにしてきたのだと思います。社会の人たちの目もあるし、一般の人が想像できないくらいの葛藤を感じることもあったのではないでしょうか。したいと思ったことを抑圧し続けると、心からしたいこともわからなくなっていくものです。周りの人たちの反応はさまざまですが、我慢することがまかり通っている日本でこのように選択をしたことに対して、すごいなと思いました。

松本：考えが変わってしまったことを正直に話すのは、トランジションでも大事なことだと思います。自分の言ったことに責任を持つというのは、昨日言ったのと同じことを今日も言わなければいけないということでは必ずしもないでしょう。もし昨日の考えと今日の考えが異なるのであれば、「昨日はこう考えましたが、考えが変わり、今日はこのように考え直しました」と、正直に言えばいいと思います。過去の約束や契約は大事にしなければいけませんが、それはそれとして、過去の考え方や行動にまで今の自分が縛られる必要はないはずです。でも、そんなふうに自分で自分の心を縛ってしまっていることって、たくさんあるんじゃないでしょうか。

自分がどんどん変わっているにもかかわらず、今までの気持ちを切り替えられずに、動けなくなってしまっている人が多いと感じています。

やりたいことが見つからないと相談に来る人には、「人がやりたいことって、結構コロコロ変わるし、自分の心も天気みたいに刻々と変化して当てにならないから、あんまりやりたいことにとらわれすぎると、苦しいんじゃないですか」と言います。状況の変化に合わせて必要な手放しをしないと、どんどん苦しくなっていきますよね。

三浦：人生を生きていくうえで、その時々の本心からヘルプを求めてみることも重要なことだと思います。垂直的トランジション（二章参照）の渦中では内面の世界がどんどん崩れていくような感覚になると思います。自分が信じていたことが一時的によくわからなくなっていきます。そのときに周りを攻撃せずに気持ちをオープンに話すことができる間柄があると、トランジションが進んでいきやすいと思います。

トランジションを起こしていきやすい環境を整えていくのは大事です。ぽっかりと空いた時期を作ってみることや、トランジションのプロセスを観ることができる仲間をつくっていくことや、正直な気持ちを話すことができる間柄を作っていくこと。もちろんトランジションのために作為的に作っていくものではありませんが、人生のどこかでトランジションが起こっていく時には、そのプロセスがポジティブであろうがなかろうが、大変なものであろうがなかろうが、楽しみながら流れていけばいいのだと思います。

松本：垂直的トランジションが進んでいくことに関して、ときどき尋ねられる質問があります。それは「もし垂直的トランジションが進んで、欲がすっかりなくなってしまったら、何も動くことができなくなるのではないですか」というものです。私は欲を消し去ったことがないので実体験としてはわかりませんが、たくさんの先輩僧から教わったこととして、自分を満たす欲がなくなったとしても、世の中には苦を抱えた人がたくさんいるわけなので、仕事がなくなることはないということですね。思えばブッダも、八〇年の生涯を、三五歳で悟りを得た後の四五年間、人々の苦を抜くために費やしました。欲が消えたら、今度は慈悲というもので行動できるようになるのではないでしょうか。

垂直的トランジションが進行して、まったく欲を手放し切る人はまずいないでしょう。でも確実に苦は減っていくでしょうし、慈悲をもって人のためになることができる道もまた自然に拓けていくのだと思います。

ポジティブ思考について

ポジティブにみえることも実は「苦」である！

松本：仏教の根本的な目的は「自他《じた》の抜苦与楽《ばっくよらく》」、つまり自分と他人、両方において苦を抜いて楽を与えることと言ってよいと思います。仏教はそのための教えでもあり、ツールでもある。「一切皆苦《いっさいかいく》」という言葉もあります。全ては苦であるということです。「なんて暗い教えなんだ！」、「なんてネガティブな教えなんだ」と感じるかもしれませんね。何を隠そう、私も昔はそう思っていましたから。ここでいう「苦」は、辛いとか痛いとかではなくて、思い通りにならないこと、不満足のことです。

人生が好ましい方向へ進んで満足しているとき、仏教に気持ちが向くことはあまりないかもしれません。しかし、人生は常に好ましい方向へ行くということはあり得ません。必ず、そうでないときがやってきます。

そんなときこそ、仏教が教えてくれる「苦」が生まれるメカニズムを知るチャンスです。というのも、好ましくないという感情だけでなく、好ましいという感情も、苦につながっているからです。

三浦：ネガティブであれポジティブであれ、苦につながってしまうのですね。

松本：はい。というか、何かの対象をネガティブに見るのもポジティブに見るのも自分次第であり、どちらにしても「近づけたい」とか「遠ざけたい」という執着を生みます。どちらも「思い通りにしたい」という執着であり、それが苦しみの種となります。だから、痛いとか辛いとかネガティブな感情に対処するためだけに仏教があるのではなく、楽しいとか嬉しいとかポジティブな感情についても受け止め方を整えていくのが仏教のやり方です。

よくよく見ていくと、ネガティブな感情だけでなくポジティブな感情も含めて、それは苦を生み出す種だということがわかってきます。仏教は、ネガティブをポジティブに変える話ではなくて、ニュートラルに見る、それはそれでありのままに見ることであると思います。

嫌なもの、避けたいもの、好ましくないものを遠ざけようとすることは、それがない状態を幸せだと考えることであり、そうすると幸せを成立する条件に「嫌なもの」が入ってきてしまうということです。私はゴキブリが苦手なのですが、いない方がいいとか、いたら嫌だとかいうのは、ゴキブリの存在が前提となっている。

好ましいものも同じです。好きな人や好きなもの、例えばデザインのかわいい、このお気に入りのマグカップがあったら嬉しいけれど、なかったら不幸せになってしまう。嫌なものだけではなくて、その好きなものもまた、幸せが成立する条件になります。

あらゆる条件が、幸せの条件としてあるかぎり、苦を生むのです。つまり、条件づけから外れる必要があります。「必要がある」ということがまた、条件づけですが（笑）。


三浦：私に相談に来る人にもポジティブはＯＫ、ネガティブはダメと捉えている方は多いです。

たとえば、「社会人として稼げるようにならないと！」という強い思いを持っているＡさんが知り合いにいるのですが、彼は常に成長するための時間をより効率的に確保し、それ以外の時間を削ろうと努力しています。社会人として有意義に稼げているという状態を思い浮かべ、それを達成できるのはよいこと、達成できないことは悪いことだという態度がにじみでていました。つまり、常にポジティブな方へ進もうとしていました。

前項でも触れましたが、目標を持つということについて、私は賛成でも反対でもないのですが、彼がポジティブ・ネガティブの枠組みで物事を見ているということを率直に本人に伝えてみました。

そしてネガティブなことが起きたときに抑圧しなければならないと反応してしまうことに対して、何度もそのこと自体を認めるように薦めたら、ずいぶん気が楽になったようでした。会うたびに人当たりも柔らかくなっていったのです。しかも、むしろ今の方が社会人としての成果が出るようになってきているみたいです。

オールド（old）な怒りからフレッシュ（fresh）な怒りへ

三浦：話は変わりますが、ポジティブ・ネガティブという話をするときには特に感情の扱いに関して、「ポジティブ信仰」がよくあるなぁと感じています。仏教者の方々と話していると、感情に対するカテゴライズを手放してらっしゃる方が多いようです。

中でも、『仏教サイコロジー』（藤田一照、プラユキ・ナラテボー、サンガ、二〇一八年）の著者の一人、プラユキさんの感情の捉え方はとても参考にさせてもらっています。

プラユキさんがいうには、感情には良いも悪いもなく、「すべてまずＯＫ！」と認めてしまうということです。感情は自分が本当に願っていることを知るためのシグナルであるという捉え方をされていました。

感情の扱い方は二一世紀という変化の時代を生き抜いていく上で、とても重要な技術（テクニック）になっていくと思います。対人関係のなかでの感情を研究する、知能・エモーショナルインテリジェンスという研究領域もありますし、その重要性への認識が少しずつ育ってきていることを実感しています。

垂直的トランジションにおいても感情の扱いは重要です。感情は心から望んでいることを知るシグナルであり、覆い隠された抑圧された願いを自覚するきっかけになります。特に喜怒哀楽のうちの「怒」と「哀」は抑圧されがちですから、気をつけたいところです。あえてカテゴライズして四つにまとめましたが、「喜」と「楽」は感じてもいいと思っている人が多いと思うので、残り二つがすごく重要だと思います。

松本：確かに「怒」と「哀」の感情は、それが自分の中にあることを認めたくないものなので、抑圧されることが多いですね。

三浦：これらの感情は真に人生を開いていくのに重要な感情です。私のセッションを受けている人には、自分がどういう感情を抱いているのかを、感情がONになった時に記録するようにしてもらうことがあります。

特に私は怒りの感情が大事だと思っていて、怒った出来事や何に対して怒っていたのかなどを掘り返してみると、人生がダイナミックにトランジションしていく観点が見つかることが多いです。

精神科医の泉谷閑示さんという方がいます。彼の、数多くの患者さんを相手にした臨床体験のなかで得た怒りの考察が、とても参考になると思います。クライアント（患者）が変化をしはじめるとき、怒りが最初に出てくるのだといいます。

怒りにはold なものとfresh なものがあり、前者は歴史があって過去に飲み込んだ怒りが芋づる式に連なっているもので、後者は「今ここ」にのみ反応する、相手のある一つの言動に対してだけ怒りが発動するものという見方をされています。old の怒りをひたすらに聴いていき、抑圧を解放していくと、fresh な怒りが出てくるようになるという話はとても重要な指摘です。

私たちは我慢するのが美徳とされてきて、相当に感情を溜め込んできているのだと思います。しかもそれは時間が経つにつれ溜まっていきます。しまいにはそれが大爆発してしまう。そこまで溜め込むのではなく、小爆発、つまり、泉谷さんの言葉を借りるとfresh な怒りを出すことができるようになっていくと、健全な精神になっていくと思います。

また泉谷さんは心由来の深い感情は身体と一致しているはずだと指摘されていて、これにも私は賛同しています。私たちは頭の中で夢や目標を描きますが、それがコントロールしたいという願望のもとで成り立つとき、「～したい」という表現でこそ頭の中に出てきますが、それは「～するべき」「～しなくてはいけない」という表現のすり替えが起こっています。むしろ怒りや哀しさなどの感情の深い底に生じてくる願いは単なる個人のささやかな想いに留まらず、エゴが昇華されて使命ともいえるような「したいこと」に変容していきます。

まず抑圧のあり方を手放していくために、抑圧している自分を認めていくこと。そこから出てきた感情を受容していくこと。感情に引っかかっているわだかまりの記憶をも受け入れていくと、おのずと「今ここ」へと意識を向けることができるようになっていくと思います。

思い通りにならない、その先へ

わかりあえないジレンマ

三浦：「思い通りにならない」で思い出したことなんですが、実家の寺を継ぐか継がないかという問題が、僕の中にありまして。父親から、「おまえは結局寺を継がないのか」と聞かれました。いろいろ話していたときに、「おまえは佐賀に居続けないといけないんだ」というようなことを言われたんです。なぜなら、住職というのは、住む職であるから。お寺に居続けることに価値があるのだから、もし継ぐとしたら、住み続けないとだめだ、ということらしいのです。

それは、自分にとっては受け入れがたいことです。なんというか、「住職はこうすべき」という中では、生きるのはすごく難しいと感じています。だから、父親にもそういう気持ちを伝えました。

その時に父親から言われたのが、「住職としてお前の育て方を間違った」でした。父親からすると、これまでやってきたことを全否定されたような気分になり、このような発言をしてしまったのだと思います。すごく複雑な気持ちになりました。

相手からしたら思い通りになってほしいと思っているけれど、自分はその思いに応えることができない。以前は応えなくちゃいけないというふうになっていたかもしれないけれど、今は、おのずから気持ちがそちらに向かってないものを、ねじ曲げて頑張ってそちらにひん曲げるみたいなことがすごく難しいなっていうふうに思えてきたのです。だから、後継問題がなかなか難航しています。

松本：お父さんも、あまりにも思い通りにならないので、誰かのせいにしたくなってしまうのでしょう。「自分の育て方が間違った」と言うのは、一見、自分を責めているようですが、言われたほうは罪悪感を持ってしまいますので、相手を責めていることになってしまいます。

三浦：その時は「お前は欠陥品だ」という括弧書きがついているようなニュアンスで受け取りました。ただ、自分のことを責め続けていないか父親がちょっと心配です。

松本：お父さんのことを心配だと思えるくらいに客観的に考えられるようになってきたんですね。

三浦：こないだまで「このやろう！」って思っていましたが、少しずつ、立場上そう考えてもしょうがないし、父親は父親として色々悩んでいるんだなぁと思うようになりましたね。

松本：お父さんがそういう物言いになってしまうのも、なにも息子に罪悪感を植えつけようと思って明確に意図してやっているわけではないですよね。もう行き場がなさすぎてそんな言葉すら出てきてしまうという。

三浦：私も少し感情的になっていて、言葉の選び方が雑になっていたので、相手にとっても、傷つく言葉をたくさん言ったと思うんです。言葉そのものじゃなくても、声のトーンとかもありますよね。

何か思い通りにいかないというときに、どうしたらいいだろうなと思うのは、同じようなパターンで会話をやりとりしても、その問題は解消していかないことです。「自分は佐賀に住みたくない」と言ったとき、「でもお寺はどうするんだ、おまえの故郷はなくなるぞ」とか、いつも同じ言葉が返ってくるんですよね。それをわかりつつも、同じ言葉があふれているときに、自分も執着してるところがあったり、手放せなくなったり、おそれているることがあったりしています。たぶん相手も同じだと思うんですよ。そこの崩していき方がまだまだ難しいなと思います。

松本：そうですよね。家族とか、距離が近いほどより難しいと思います。
　私が最近すごく実感するのは、自分の人生の選択、大きな選択もそうだし、日々の小さな日常生活の選択でもそうなのですが、「おそれ」から選択してしまっていることがものすごく多いなということです。

「おそれ」ということ

松本：はたから見ていて、私のことを「この人、勇気ある選択をするよな」と思う人もいるみたいで、最近も新しい会社を作ったばかりの友人とお茶したときに、こんなことを言われました。

「僕なんかはやっと最近ですけど、松本さんはずっと前から思い切ったチョイスしますよね。周りに合わせてとかじゃなくて。勇気ありますよね」って。

確かに、そうといえばそうなのです。でも、よくよく見ていくと、私は勇気があるどころか普通の人以上に小心者で、とても「おそれ」が強いがゆえに、そのおそれから逃げたくて、結果的に何か思い切ったことをやっているということに気づきました。

私は、人にどう思われるかをとても気にしています。でも、人から良く思われたいとか、人から羨ましく思われたいとかは、あまり思っていません。むしろ、人から良く思われると期待を生むし、人から羨ましく思われると嫉妬を生むので、誰かに何かを思われるということ自体をおそれています。自分の言動が人の気持ちに影響を与えること自体をおそれていると思います。その意味では、こうして本を出すことなどは、もっともおそるべきことですが、それは案外大丈夫なのは、基本的に自分の話ではなく仏教のお話をしているからだと思います。

お坊さんという仕事は、おそれの強い私にとってすごく良かったんだと思います。なぜかというと、「おれはこう思う」という話をしなくていいのですから。自分の話ではなく、「お釈迦さまはこう言いました」「親鸞聖人《しょうにん》はこう言いました」という話なのです。それは信仰心というよりも、納得感と言ったほうが近いように思います。「確かに、その通りだな。どんなに自分で考えてみても、とても辿り着けるようなことじゃないな」と思えるからです。自分の限られた人生経験に照らし合わせてみても、「確かにそうだ」と腹の底から思えるのです。数百年、数千年も前に説かれたことに今でも頷けることはすごいことですよね。そこで学んだことを、「私もこれを勉強して、自分の人生に照らし合わせても、本当にそうだと思うので、皆さんにご紹介しますね」と人前で話すことにおそれはありません。私の言動にみんなが反応するわけではないからです。過去の先輩たちから学んだことを、自分なりに伝え話すということなので。

三浦さんのお父さん、三浦さん自身も、何かしら「こうあらねばならない」という思いがありますよね。これは、何かしらの「おそれ」に根ざしていることは考えられますか？ たとえば、お父さんだったら、これまでずっと住職一本で人生を歩んでこられたわけですよね。もし息子が継いでくれなかったとしたら、今までなれ親しんだこのすべて、どうなっちゃうんだろうという不安や、想像もつかない世界に放り出されるようなおそれがあると思います。

三浦：父親と話しているときも、いろいろと「これをおそれているんだろうな」というのが少しわかりつつも、それに応えられないからどうしようっていう状況です。たとえば、父親はよく「お前、お寺のあとを継がなければ、故郷がなくなるぞ」という言葉を繰り返します。それを切り札として、「故郷がなくなってもいいのか、なくなるなんてありえないぞ、帰れないぞ」というふうに言うのですが、そう言われても、僕にとってはたいして苦じゃありません。僕自身は「地球がふるさとです」という感覚です。

おそらく父親自身が故郷を失うということが非常に怖いんだと思います。だから、それが他人にも切り札として作用すると思っているのでしょう。私自身のおそれは、土地に張り付けられて移動できなくなることをおそれています。また、自分の自由が制限されることへのおそれもあります。

切実な「おそれ」から「思い通りにしたい」が生まれる

松本：長い時間をかけて慣れ親しんだものであればあるほど、失うのは怖いものです。特に、住まいや仕事といった自分の人生やアイデンティティにおいて大きな意味を持つものであれば、なおさらそれを失うことに対するおそれは大きくなりますよね。

日常生活にちょっと何かを添えてくれる程度の対象であれば、「思い通りにしたい」気持ちもそこまでは大きくならないでしょう。宝くじに当たりたいと思っても当たらないとか、趣味のオーディションに受かりたいと思っても受からなかったとか。満たされないよりは満たされた方が嬉しいでしょうけど、満たされなくてもそこまで引きずることはありません。しかし、それを失うと今の自分が自分でなくなってしまうように思えるほど大切なものが失われるかもしれない、ということになると、不安がとても大きくなります。

私自身、大学を卒業してからずっと僧侶として仕事をさせていただいていますので、もし僧侶であることをやめなければならないということになれば、すごく怖いと思います。ましてや、住職として仕事も家も地域の人間関係も人生の大事なものすべてが一体化した中で、何十年も住職専業でやっていらっしゃったら、それを手放さなければならない時の不安は想像がつかないほどです。

もし住職の他に学校の先生など別の仕事を持たれていたらどうでしょう。ひと通り勤めあげて、年金もはいってくるし、生活基盤もあって……というような状況だった場合、息子が寺を継ぐか継がないかという話に対して、お父さんの反応はまた少し変わってきたのかもしれません。例えば「そんなに嫌なら、無理に継がなくてもいい。でも、自分の限られた人生経験の中で考えると、お坊さんもそう悪くはないよ」「まあ一つ毛嫌いせず、ちょっと考えてみてもいいんじゃない?」というくらいの反応で済んだかもしれません。だとしても、やはり家や地域の人間関係といった大きなものが関わってくる話なので、簡単ではないと思いますけど。

だから、自分であれ他人であれ「思い通りにしたい」という強い気持ちに出会った時には、その人が何をおそれているのか、その人が抱えているおそれに目を向けていくことが大事だと、自分を見てて思います。根深いものだと、本人もはっきりと気づいていない、もう意識すらできないようなところからわいてくるものもあるでしょう。

それを意識するためには、自分がどんな時に感情的になるのかが参考になると思います。たとえば、怒ってしまうとか、すごく罪悪感を感じるとか、嫌だなぁって思うとか。そういうときは、自分のおそれのありかに気づくために内省する良い機会です。おそれのありかが明らかになってくれれば、それを取り除くお布施の「無畏施《むいせ》」をお互いに施し合うこともできるでしょう。

三浦：そもそも、感情には良いも悪いもないですよね。そういう、突き動かされてしまうような何かを感じるときに、その背景に何があるのか。何が自分をそこまで感情的にさせてしまうんだろうと考えていくことが大事だと思います。

心のクセ

松本：誰しも、クセをもっています。仏教では「身口意《しんくい》の三業《さんごう》」と言いますが、身体のクセ、言葉のクセ、考え方のクセは、積み重ねによって強化されて、その人の人格に反映されていきます。何か特定の対象や事象に出会ったとき、脊髄反射的に行動してしまったり、何か思わず言葉が口をついて出てしまったり、嫌な思い出を思い出してしまったり、というふうに同じパターンが繰り返しによって強化されていきます。

昔から、良くないことを戒めるために「誰も見ていなくても、お天道様《てんとうさま》が見ている」と言いますが、それにならっていえば、「誰も見ていなくても、自分が見ている」のです。だから、身体、言葉、考え方、一つ一つに責任を持って、丁寧に扱うことが大切です。タイやミャンマーなど上座仏教系の修行では、日常生活の中の自分のあらゆる動きを、とてもゆっくりと丁寧に細かく観察しながら行っていきます。

戒とは、もともとパーリ語で「シーラ」と言い、「習慣」「しつけ」「人柄」といった訳し方をされるようです。出家して僧侶になる儀式に「受戒」というものがありますが、それはつまり、仏教で大事にしている習慣を受け入れて守っていく、ということになるでしょう。戒というと「守らなければならない規則」というイメージがあるかもしれませんが、基本的に戒は、他人を裁くためのものではありませんし、裁かれることを恐れて義務的に守るものでもありません。あくまでも、自分のために守るものです。

私たちは身口意のクセによってできているといっても過言ではありません。だからこそ、それを整えるための良き習慣を持つことが大切です。行動の仕方、言葉の使い方、考え方、どれも幼い頃から少しずつ繰り返し繰り返し自分の習慣として身につけていくものです。習慣が変われば、人柄も変わる、ということでしょう。

人を許せるということ

松本：もちろん、人間ですから完璧にはできません。自分自身を見ていても、「またやってしまった」「わかっちゃいるけどやめられない」の繰り返しです。多かれ少なかれ、みんなそうだと思います。最近は、ちょっとしたことでも叩かれて炎上することが少なくありませんが、自分の抱える身口意の三業に自覚があれば、それを棚に上げて他人を叩こうという気持ちにはならないんじゃないでしょうか。どこにも一〇〇パーセント完璧な人間なんているはずがないのですから。

ネットカルマの時代は特にそうだと思います。今は過渡期だと感じています。ネットカルマというのは、佐々木閑さんの『ネットカルマ――邪悪なバーチャル世界からの脱出』（KADOKAWA、二〇一八年）という本で挙げられているのですが、たとえば、万引きをして捕まった人がいたとして、少し前までは、そこで罰せられて終わりだったのですが、今は万引きをしたという情報がずっとネットに出続ける、そういう時代だということです。

ちょっとダメなところがあると、そこをあげつらって「この人は一つだめだから全部ダメだ」というのは簡単ですが、ダメじゃない人なんてどこにもいません。どうしても人を許せないときは、きっとその相手のダメなところに、自分の感情が反応しているのだと思います。ひっかかるものがなければ、反応ができませんから。相手を許せないということは、自分を許せていないことの裏返しでもあるのではないでしょうか。

親鸞聖人は、「戒の一つも守れない凡夫」である自己の愚かさを、徹底的に見つめた人でした。戒を守るどころか、ちょっとしたきっかけで何をしでかすか分からないのが、この我が身です。凡夫ですから、どんなに心がけても、「またやってしまった」「わかっちゃいるけどやめられない」の繰り返しで、終わりがありません。

そんな親鸞聖人も、だからと言って「どうせ守れないんだから、欲望のままに好き勝手に生きていいんだ」と開き直るような態度はよしとしませんでした。「薬あり毒を好めと候ふらんことは、あるべくも候はずとぞおぼえ候ふ」という親鸞聖人の言葉があります。薬があるからといって、好き好んで毒を飲みなさいということがあってはならないと、説かれています。

甘やかすのでも罰するのでもなく、自分の有様を見つめることが大事だと思います。

罪悪感について

努力教と我慢教

松本：よく、日本人は無宗教だといいますが、私はそうは思いません。仏教か神道かという話でもなくて、私が思うに、この国に一番浸透している宗教は、努力教と我慢教ではないかということです。「私はこんなに努力している、私はこんなに我慢している、だからここにこうして存在していていいんだよね」という信仰です。自分が存在することに対する不安感を、努力や我慢で埋め合わせようとする精神性が強いように感じます。

自分が一人で信じているうちはまだいいかもしれませんが、集団で信じるようになると厄介です。「私がこんなに頑張っているのに、なぜあの人は」というふうに、自分の辛さを人のせいにして、それをお互いに押し付け合うようになります。なぜそうなっているかといえば、おそらく教育とか社会の仕組みとか、いろんな原因が複合的にあるのでしょう。しかし、幸せを未来に先送りにし続ける、成果を将来に先送りにし続けることは、仏教から見れば苦を強化することにもつながります。おそらく、経済も人口も右肩上がりしか知らないような世代は特に、「今日努力すれば、今日我慢すれば、明日は必ずもっと良くなる」という考え方をずっと繰り返してきてしまったので、それがすでに自分の身口意に癖として染み付いていると思います。

努力教と我慢教の勢力が強い世界では、それが人間の評価軸にもなってきますから、「こんなに頑張ってる、こんなに我慢してるんだから、私は大丈夫なはず」というふうにアイデンティティを保つための大事な要素になってきます。そんなふうにして知らず知らずのうちに、自分で自分を縛っている人は多いのではないでしょうか。

夢や目標を持たなければいけない、何者かにならなければいけない、とりあえず自分の軸はこれだと決めて、未来の幸せに向かってひたすら努力する。こんなに我慢しているんだから、自分は大丈夫なはずだと、そんなふうに自分で自分を保とうとすることは、辛いだろうなと思います。

自分はそれでいいと思っていても、やっぱりどこかで無理しているんです。だから、「自分はこんなに頑張っているのに、なんであいつはあんなにのほほんとしているんだ。努力と我慢が足りないんじゃないのか」というふうに、他人を裁くようになります。そして、もっと頑張れ、もっと追い込め、ということを他人に強要しはじめます。

ルールと罪悪感

三浦：普段おこなっているトランジションセッションのクライアントさんで一人、存在すること自体に罪悪感を抱いている人がいます。彼は仕事で成果をあげるために常に頑張っているのですが、休みの日も何かしら自分を高めることをしないといけないという思考の前提がとても強固です。話を聞き始めた最初の頃には罪悪感なんて感じてなさそうな発言をしていましたが、罪悪感を抱いていることが徐々にわかってきました。

少しずつ罪悪感を抱いている自分を見つけていくことで、気持ちもほぐれていきました。「罪悪感を抱いている自分がいる」ということを把握していかないと、それを取り除くスタートラインに立てないということを知った一件でした。

罪悪感は私自身も感じています。お寺に生まれたのに、すんなり継ぐことができないことで罪悪感を抱きます。

ですが、この罪悪感の感情も、みんなが共同で信仰している「社会規範に乗らなくてはいけないんだ」という思いをほどいていくと、罪悪感がオンになることが少なくなってきました。結局、それは社会的な規範を自分の意識化に刷り込んでいて、心の底で抱いている感情が知らないうちに抑圧されているのだと思います。

自分が罪悪感を抱くクセを持っていることに気づくことすらできていなかった時は、慢性的な苦しさがずっとありましたね。

松本：たしかに社会規範と罪悪感は結びつきますよね。家業は家族が継ぐべきだ、とか。そういうときに、自分が信じている規範から外れている人に対してかける言葉は、その規範から外れている人が罪悪感を持って、規範の中に戻ってくるよう促す言葉を選んでいると感じます。それはなんであれ、「ものごと」を続けていくときの、無意識にやってしまうことで恥ずかしいと思わせたり、責任を感じさせたりして、自分の規範へ乗せようとしているのではないでしょうか。

奨学金をもらって留学する学生さんとお話しすることがあるのですが、自分に誰かしらがお金を出して投資をしてくれたから、裏切ってはならないという意識がとても強いと感じます。それ自体は責任感があって悪いことではないけれど、でも、実際に留学して色々経験すると視野が広がって、元々思い描いていた計画が、急に変わってしまうこともありますよね。もともとこれを勉強しようと思って行ったけれど、実はそれよりもこっちの方が面白いと感じたとか、自分にはこれがより大事なテーマだったんだと気づいたとか、理系で留学したんだけど急に小説が書きたくなりましたとか。そういう人生を変えるような経験こそが、留学の目的でもあるはずです。

ですが、奨学金をもらってこれを勉強してきたんだから、自分の進路を変えてはいけないんじゃないか、元々の計画を絶対に実行しなければいけないんじゃないかと考えてしまう真面目な若い人が、案外とても多いです。変えることに罪悪感を持ってしまうんです。

私は、もうちょっと気楽に考えてもいいと思うんですけどね。なぜなら、人は変わるものだからです。変わらなかったら、成長もありません。いろんな縁によって、今ここにこうして私がたまたま仮にあって、次に何が起こるかわからないけれど、次の瞬間もまたコロコロ変わっていくのが私です。もともと、私というものはいい加減なものです。心の天気も当てにならないでしょう。久しぶりに会う昔の幼馴染みに「あなた、変わったよね」と言われることを、おそれる必要はないのです。変わらないようにしようとどんなに頑張っても、実際には歳もとるわけで、変わっているから、しがみつけないのです。

変わっていくものを変わっていないと言い張っても、仕方ないのではないでしょうか。そこに罪悪感を持つ必要はないと思います。

三浦：理想の状態が設定されている時点で、そこに当てはまらないことが罪になってしまうのですね。現代という時代において、この理想の状態の内訳がゆるやかに変化していっている気がします。

すこし上の世代は、自分の個性を表現して生きていくというより、求められる役割を全うしていくようなスタイルが多い印象を受けます。逆にいまの一〇代、二〇代には自分がやりたいことをベースに物事を考えている人が多いように思えます。または社会貢献がベースにある人も多いですね。

時代としても過渡期ですので、何が正解かわからないまま、上の世代と下の世代のコンフリクトがたくさん起こっていると思います。もしかすると我慢教、努力教はゆるやかにほどかれていく可能性もあれば、逆に文化は相互作用の中で学習されていってしまうので、それらの社会規範は継承されていく可能性もあります。

セラピーととらえる

松本：努力教と我慢教の世界に生きる人の中には、自分の「やりたいこと」と「やらなければいけないこと」の間で、つらい思いをしている人がいます。なぜなら、自分がやりたいことをやるのに罪悪感を覚えてしまうからです。たとえば、もしあなたがやりたいことが「絵を描くこと」だとしましょう。普段は会社員をやっているとして、たまには有給休暇を取って本当は丸一日、何かの風景の絵を描いていたいと思っているとします。

　でも、みんな仕事をしている時間帯に、自分だけ有休を取って絵なんか描いているのは申し訳ない、みんなに悪いという罪悪感を感じてしまって、絵を描くどころではなくなってしまうんです。だから、私はそういう人に、「自分のやりたいことじゃなくて、自分にとってセラピーになること、自分が生きていくために絶対にこのセラピーがどうしても必要なんだって考えてみたらどうですか」と言います。「自分は月に一回は会社を休んで絵を描く時間を持たないと、どうしても生きていけないんだ、これは絶対に自分にとって必要なセラピーなんだ、クリニックに行くようなものなんだ」と思った方が、罪悪感を感じなくて済みます。

　いえ、もちろん、わざわざそんなふうに考えなくても、やりたいことをやれるのであれば、何の問題もありません。ただ、努力教や我慢教が染み付きすぎると、やりたいことをやるにも言い訳となる理由が必要になってくるということです。

「自分を騙して適当に生きましょう」という勧めではありません。ただ、この私がここにこうして生きていていいんだという、私の存在の基盤をよくよく見つめてみることは、すごく大事なことだと思います。私が私としてここにこうしてあることに、何も理由は必要ないはずなんですが、何かそれを根拠づけてくれるものにしがみついていないと、自分は自分でいられないと思ってしまうんです。

頭の中の物語から抜け出る

松本：私たちはいつも自分を失うことをおそれて、安心するためにいろいろなものをつかもうとします。より厚い鎧を着込んで、自分を守ろうとします。つかむとか、手に入れるということ自体が、本当は幻想なんですけどね。

「私のモノである」とか、「私のモノではない」というのは、単なる自分の中でのラベリングに過ぎません。もちろん、所有権とか、社会契約的な意味で所有を支える仕組みはあります。ですが、もし仮に今、南極大陸が法律上、私のものになったとして「南極大陸は今、私のモノになりました」と言ったところで、そこに住んでいるペンギンには何の関係もないし、地球は何も変わりません。自分の中にある概念が変わっただけです。

人は自分で自分の中に世界を作り出し、どこまで行ってもひとり相撲を取り続けています。一人相撲の世界の中で、こんなことをしたら世間様に笑われるとか、こんなことは世の中では通用しないはずだとか、世間からこんなふうに認めてもらいたいとかいうふうに、日々もがいているのです。

私たちはいわば物語やゲームを自分の頭の中に作り上げて、それにどっぷりとはまり込んで生きています。その物語やゲームを現実だと思ってしまっているんですね。一人相撲が苦しいのは、一人相撲であることに気がついていないからです。本当は一人相撲だとわかったときから、生き方が少し変わってきます。

といっても、ここではないどこかに、何か別の世界があるわけではありません。仏教に、「生死即涅槃《しょうじそくねはん》、煩悩即菩提《ぼんのうそくぼだい》」という言葉があります。この私の生老病死《しょうろうびょうし》、嬉しかったり怒ったり哀しんだり楽しんだり、物語の中でいろんな煩悩に彩られたそれらすべてが、さとりの世界と離れてあるわけではない、ということです。

この話はよく映画に例えられます。ちょっと想像してみてください。映画館に入って、席に座ります。映画が始まると、映画館の設備はすべて暗闇に溶けてしまい、自分はスクリーンだけを熱心に見ていて、自分の存在は上映されている映画の物語に没入していきます。それと同じで、今ここで、自分が目で映像を見たり、耳で音を聞いたり、感覚器官で掴んでいる世界は、ものすごく解像度が高くて高音質な、現実感溢れる映画を見ているようなものです。だけど実際にはそこにはスクリーンがあるだけです。

三浦：物語的な思考の仕方は虚構を信じること、虚構を共有することとも言い換えることができます。さらに物語は情緒的な要素や時間的な要素を含みますから、物事の伝達を行う上でいい感じのフォーマットとして育ってきたものだと言うことができそうです。

ありのまま世界を見ること（正見《しょうけん》）が仏教思想の中でも重要視されますが、物語を描いてしまう自分たちを自覚的に見るための啓示のようなものですね。

松本：そうですね。ありのままに見よという教えの裏側には、物語を現実だと思い込んでしまう人間の特性があると思います。

ラベルを貼る／貼られる

三浦：次はラベリングについて話したいと思います。松本さんはラベリングについてどうお考えですか？

松本：ラベリングというのは、ラベルを貼ること。つまり「あの人はこういう人だ」「私はこういう人間だ」というふうに、自分の物差しをもって自分や他人を裁くことですね。結局、客観的なラベルというものは存在せず、自分が自分に貼っているのです。これも一人相撲です。「他人からラベルを貼られたくない」、それは自分で自分に貼りたいラベルと、他人から言われたラベルが合っていない時に起こることでしょう。「君は○○だよね」と言われるとき、自分が好ましいと思っているラベルだとすんなり受け入れて、好ましくない場合、猛烈に反抗したくなります。相手が自分に貼ろうとするのが、自分で自分に貼っているラベルと同じであれば、それを喜んで受け入れ、そうでなければ排除する、ということになります。

本当は、別に相手が自分にどんなラベルを貼ってこようと、自分にはまったく関係のないことです。どうでもいいはずなのに気になってしまうのは、自分という小宇宙のなかに、自分が思い描く理想の世界を作り上げて、それをひたすらに操作しようとしているからです。これは先ほども出てきたように脳内映画を見ているようなものです。

自分に貼られるラベルをすごく気にする人は、他人にもラベルを貼っていることが多いと思います。ラベルを貼ってものを見るクセがついているから、他人にもそれを期待するようになります。

ラベルを貼ることは人を差別することにもつながります。「自分はこういうヤツよりはマシだ」とか、「こいつの価値観は受け入れられない」とか。他人より自分によいラベルを貼ることで、安心したがっているわけです。反対に、ラベリングの意識があまり強くない人は、そういう発想自体があまり湧いてこないでしょう。

ラベルをこえるために

三浦：すごく腑に落ちます。私はアーティストとして見られたい時期は、ラベルをものすごく貼られたがっていたし、自分が好ましくないと思う人には相当にラベルを貼っていました。まさに自分自身がラベルを貼るクセを持っていました。

自分がADHDだということを自分の中で許すことができていないときのほうが、周りといざこざがすごく多かったんです。自分を許せてないので、同じような感じの人や同じようなパターンが発生する人を見たときに、やたらとイライラしてました。他人で同じような特徴を持っている人や、そうなりたくないと自分が思っている人から、「お前がちゃんとしろ」と言われることも多かったように感じられました。

でも、そこが自分の中で「まあいっか」と思えるようになってから、他の人にあたることが少なくなって、さらに、不思議と他の人から「そうすべきだ」と言われることも少なくなっていったんですよね。

自分が自分自身を許すと、他の人も許せるようになる。これは先に述べた「思い通りにならない、その先へ」のところでもキーワードになりましたね。自分が許せるようになると、他の人からも許されることが増えました。自分の悪いところを隠してどう自分を作ろうかということではなくて、自分がそもそも持っているものや特性をどう活かして周りにかかわるかというふうに捉え方が転換しました。好ましい自分は受け入れ、好ましくない自分は受け入れないのではなく、どういう自分であっても、そもそも受け入れるしかないと今は思います。

さらに垂直的トランジションが起こっていくと、そもそも虚構として作り出している自己像をただ解体していくことしかなく、そもそも許すも許されるもないということがわかっていきました。ただ、ほどけていくんですよね。

松本：何か見たくないものがあるということは、その背後にはおそれがありますよね。それを見なければいけないことをおそれ、見たくない、見なくていい状態にしたい、という思いが出てきます。

「嫌いな人は、しばしば自分に良く似ている」といいますよね。他人の中に自分が見たくないものを見てしまうとき、それは多くの場合、自分の中の見たくなかったものを見るようなもので、おそれが刺激されてしまいます。私にもそういう経験があります。

逆に、目を背けたくなる気持ちをぐっとこらえて、それを見るようにすることは、クセを抜いていくよい練習になると思います。「良いも悪いも、こうだからしょうがないじゃん」というふうに、まず認めてみると少しずつ変わってきます。

見たくないと思ってフタをしている部分を封じ込めようとすればするほど、自分自身から目を向けることになります。

三浦：トランジションが進んでいく時に、見たくないものを意識的に見ていくことはよくやります。トランジションが起こっていくのを手伝う立場としては、見たくないものを見てもらうのにはエネルギーがいることだとはわかりつつも、それをしていかないと解かれていかないのです。

「絶対に〜〜にしないと」と話している時にはセンサーがピクっとするようになりました。「絶対に」という言葉の背後におそれがあります。

松本：許せるようになっていくと、慈悲からの共感ができるようになっていきます。ただ、私はあまり共感という言葉は使いません。「他者に共感できる」と考えてしまうと、すぐにまた価値観の押し付けが始まってしまいそうだからです。冷たいように聞こえるかもしれませんが、私はなるべく他者のことは、どこまでいってもほんとうにはわからないと思うようにしています。でも、共鳴する感じはあります。

三浦：「共鳴する」という言葉、いいですね！　トランジションも共鳴していくのだと思います。許す・許されるという話題だと、許すことができていなかったものがどんどん解かれていくことによって周りの人たちも居心地が良くなっていき、その連鎖の末にトランジションが連続的に起きていきます。

松本：「解かれていく」という表現はいいですね。仏教では「諸法無我《しょほうむが》」といって、私という存在は、何か変わらない核のような己れがあるわけではなく、縁によってたまたま今この瞬間ここにこうして立ち現れている現象に過ぎません。だから許す・許されるという主体―客体の関係ではなく、そもそも解かれていた状態に戻っていくという感覚です。

三浦：「この人、そこの部分見たくないんだな」というのは、なんとなくにじみ出てくるし、「そうではない、私はこういう人間なんだ」と見せたいのも、逆に出てきてしまいます。

それにしても、どう見せるのかという話は現代のブランディングの考えにも通じますし、多くの人が考えている話でもあると思います。人生を歩んでいく中で、どういうふうに周りの人に見られるかは考えざるを得ませんよね。

作為的に自分自身（もしくは組織）ではないものを見せようとして、偽の自分（や組織）を演じていくと、それは直感的に人に伝わってしまうと思います。これがまぎれもない自分自身だと思ってそれを見せようとしても、見せる面と見せない面の間にギャップが生じ、あるがままの自分自身と自分の見え方は離れてしまいます。

松本：例えば、ほんとうはとても意地悪な考えの持ち主が、無理をして誠実な感じのキャラクターを見せようとすれば、ギャップがどうしても出てきます。まわりの人からすると別にどうでもいいのに、「やたらこの人そういうキャラで見られたがってるよね」ということは伝わります。身体的な振る舞いや表情から多くの情報が伝わるのです。

それは、周囲に気を遣わせます。この人は周りからこういうふうに扱って欲しいんだろうなという雰囲気がにじみ出てしまうからです。そうすると周囲のみんなは気を遣って「○○さんって誠実な方ですよね」と言いますから、本人は喜び、もっと言って欲しくなります。

でも、そんなふうに「ありたい自分」をたててあげないといけないのは面倒くさいですよね（笑）。おそらく、みんな似たような経験はあるんじゃないでしょうか。

だから、反対に今までがっちり掴んでいた「ありたい自分」を手放したら、周囲にとって付き合いやすい人になるのです。前よりも周りの人が気をつかわなくてよくなるからです。

たとえば、自分が時間を守れないことをコンプレックスに思って気にしているとしたら、まわりの人はそのことに触れられません。その話題に触れることで、相手を傷つけてしまうおそれがあるからです。「この人にこれを言っちゃうと地雷を踏むかもしれない」と思われて、地雷を持っている人の周りからは人が離れていってしまいます。

地雷を撤去するNGOを自分のなかにつくる

三浦：自分自身のありたい自分を見つめ、それを手放しながら、可能性を感じてもらえるようなあり方を模索し、バランスを取っていくことが大事なのだろうと思いました。気を遣わなくてもＯＫだと伝わっていきながらも、搾取の対象ではなく、可能性ある愛される存在として扱われるようになっていく変化もありそうです。そうなっていく時に、そういう存在になろうとするとかえって気を遣わせてしまうので、あくまで自分のありたい姿を手放していくことがカギになりそうです。

ところで、最後の「地雷を踏む」という表現わかりやすくていいですね。私自身も今も地雷、たくさん持っています。前の自分は今よりもずっと埋まっている地雷が多くて、まわりの人が関わりづらそうでした。今では恥ずかしいです（笑）。

松本：地雷を撲滅してゼロにすることは、おそらく永遠にありません。ブッダにでもならない限り、無理だと思います。だから、地雷はあり続けます。

年をとればとるほど経験は増えますから、地雷の数は増え続けると思います。私も多少歳をとってきたので、実感としてそう思います。歳をとればとるほど、生きている限り増え続けていきます。

人生で色々やらかして、地雷があちこちにできてしまった。そこで今度は心に埋め込まれた地雷を除去するＮＧＯを立ち上げるというお話になるわけです。

三浦：キャッチーな表現ですね。心の中に地雷撤去のＮＧＯを設立する。

松本：ええ、撤去というよりは、無効化といったほうがいいかもしれません。相変わらず新たな地雷がどんどん生まれ続けていくのですが、同時に自分の心のクセに気づくことで、地雷の力がだんだん弱まっていきます。そこにまた、面白みがあるんですよ。「まあ、人生こういうことの繰り返しだね」という気づきもあるはずです。

地雷除去は、自分でやるしかありません。自分の中にある地雷の撤去作業を誰か代わりにやってもらうことはできませんし、また他者の心の中まで入っていってその人の代わりに、地雷撤去の作業をすることもできません。

言ってみれば、自分の心の中に設立したＮＧＯは、他人の中にまでは入っていけないのです。でも、その設立の支援はできるかもしれません。

三浦：ということは、「自他の抜苦与楽」は、相手に介入してＮＧＯを無理やりに作って相手の地雷を撤去するという活動というよりも、相手にＮＧＯを設立しませんかという、あくまでも相手が主導の提案をしていくようなものなのでしょうか。

松本：そうですね。誰かの代わりに作ることはできません。無理に地雷撤去しようとするとみんなで爆発しちゃって、大変なことになるかもしれません。

三浦：ここ一年ぐらい、「自由になりたい」とずっと思っていました。その背景には「自由ではなくなること」へのおそれというのがかなりありました。

それによって、人間関係が（自分が思う）自由ではない雰囲気になってくると、周りの人とケンカしたり、人が寄ってこなくなったりしました。自分に大量の地雷があったことが一つの要因だと思います。

自分の地雷を撤去しながら、他の人の地雷撤去のNGO設立を手伝っていったら、不思議と連絡が以前よりもよくもらうようになったり、感謝されることが増えました。自分と他人の地雷の撤去をバランスよくやることで、朗らかな人間関係が身の回りに増えていっています。

「自他の抜苦与楽」

三浦：この「自他の抜苦与楽」の考え方について、もう少し踏み込んで聞いてみたいと思っています。地雷のお話と紐づけつつ、「自他の抜苦与楽」の考えを教えていただけますか？

松本：「自他の抜苦与楽」とは、プラユキ・ナラテボー先生がよくおっしゃっているのですが、仏教の根本をシンプルに表した言葉だと思います。自己も他者も苦しむことなく、将来に苦が生まれる種を蒔くこともない、そのような習慣を身につけ保つことが、仏道の始まりになるでしょう。自分も他人も、無理やり変えることはできません。本人に気づきが生まれることが必要です。地雷があることは悪いことばかりではありません。自分の地雷が踏まれたり、相手の地雷を踏んでしまったり、そういう経験が気づきが生まれるきっかけとなります。

三浦：華厳経《けごんきょう》のインドラ・ネットワークのイメージを思い出しました。ここ数年でよく聞くようになったマインドフルネスなどは、自分の地雷の撤去の仕方を扱っている話だと思っています。他の人との関係の中での地雷撤去というよりも、より個の中の地雷撤去の話というニュアンスで語られる印象があります。

でも、松本さんがやっていらっしゃる掃除の会（Temple Morning）であったり、トランジションの話は、流れとしての自分と他人の関わりの中で抜苦与楽が起こっていくものだと思います。個の中のＮＧＯ撤去作業を行う前提で、他の人にも貢献する。そのバランスの中であるというニュアンスです。

松本：仏教では「縁起」という考え方を大切にします。今どきはよく「縁起が良い」とか「縁起が悪い」というふうに使われがちですが、本来の意味は「全ての存在は縁によって成り立っている」という、仏教の世界観を表すものです。それそのものとして独立して成り立っているものは何もなく、すべては相互関係的に成り立っていて、何かが変化すればそれがまた他のすべてのものに反映されてくる。私たちは皆、そういう関係性で成り立っているということを示しています。

「自分は一つのカボチャだと思っているが、上を見てみると、他のカボチャと蔓でつながっている」という例えがあります。自分一人のことが全部周りの人と繋がっているので、たとえば自分の心の中にある地雷除去のNGOの設立は、きっと周りにも良い影響を与えます。「NGO、自分も作れるんじゃないか」とか「NGOの撤去活動、楽しそうだな」と周囲に感じさせて、仲間ができていくのですね。

どんなことであれ、仲間の存在は大切です。釈迦牟尼ブッダが「良き仲間がいることは、修行の半ばではなく、その全てである」と示されたように、学び合い高め合い励まし合う仲間を持つことは、大事なことです。仏教でも仲間＝サンガはとても大切にされてきました。後輩は前を歩んでいる先輩を見て、自分もそういうものの見方や考え方、道の歩み方があると知ることが、大きな学びになります。また、先輩は後に続く後輩との交流を通じて、自分の学んだことを確かめたり、人に伝える力を養っていきます。やはり人と人は相互に関わりあっています。

波ではなく海

松本：カボチャの話もよくするのですが、もうひとつ海と波の例えがあります。私は波であるとします。あっちには大きい波、立派な波、美しい波がたくさんあって、なんで自分はこんなちっぽけな波なんだろうと思っていたけれど、気づいてみたら全部同じ海ではないか。繋がっているという以上に、本体は海だったのか！　という話です。そこにたまたまあった波を、「私はこれである」とラベリングして、他と比べていただけなのです。

自己認識が波であるときは、良いとか悪いといった価値判断が強くなりがちです。あえて幸せという言葉を使うならば、私の幸せに条件を付けているようなものです。「好ましいものがあれば私は幸せだ」、「嫌なものがなければ私は幸せだ」、どちらにせよ幸せを得るという条件に依存している状態になりますよね。そうすると、その幸せが成り立つ条件が整うことを、いつも望み、それを思い通りにしたいと思うわけです。

それは、不毛なことですよね。そのことに気がついたときに、自他が溶けていきます。波から海へ、自と他とが、一つに溶解していきます。だから、好ましいことを手放さないのでもなく、好ましくないことを反射的に否定するのでもなく、価値判断を留保する態度が大事になってきます。そのときに、することは「抜苦与楽」だけが残ります。自も他もないからです。

でも、自分は本来海だったと気づいた瞬間から、それでもやっぱり波だという思いは浮かんでくるわけです。自分のなかに絶えず浮かんできます。それをまた「いやいや、海ですから」と気づく。すぐにまた波だという思いが生まれてきます。永遠にその繰り返しです。

しかし、たとえその繰り返しだったとしても、「本来は海である」という気づきが与えてくれる安心感は、すごく大きいと思います。自分のことだけではありません。本来が海であることは、みんなも同じだという気づきが生まれます。「あ、またあっちでも波やってるわー」と、なんとなくわかってきます。

釈迦牟尼ブッダのように悟った人からすれば、「抜苦与楽」しかないのでしょう。自他も、もはやない。おそらく、ブッダが悟って以降の四十五年間の仕事は、抜苦与楽一筋だったのではないでしょうか。

ですが、僕たちはブッダじゃないので、私には相変わらず「自」が生まれてきます。その視点からすると、「自他の抜苦与楽」としか言いようがありません。もう私は海なんだ、と一瞬思ったとしても、波が消えることはないのです。

だから、あえて「自他の抜苦与楽」といいます。私はこの波だと思っている時点で他の波と区別しているので、自と他を分けて見ています。そしてその自と他を分ける見方から一瞬離れたつもりになっても、離れられないのです。

三浦：自分という意識（エゴ）を手放すということの連続は大事ですね。ラベルを貼っている自分にも相手にもOKを出していくと、ラベルも気にならなくなってきそうです。波というエゴが出てきたらOK、出てこなくてもOK、それの積み重ねで、もはやラベルを掲げなくてもよくなるのではないかと思います。

社会的にラベルが求められることはありますが、それは自分を表面的に説明する属性でしかないと自覚して、その背後の地雷を撤去していくことに努めることが大事だと、お話の中で改めて気づきました。ありがとうございます。

地雷撤去を燃料にする

三浦：この地雷撤去の話は、地雷というネガティブなものをどう撤去していくかという話に聞こえてしまいますが、むしろ地雷は活動していく際の燃料源にもなると思いました。

私はいま「後継者」というラベルの背後にある地雷の撤去活動を始めました。昨年、父親と話していて、自分が「後継者」というアイデンティティのラベルに執着していることが、後継問題を複雑化させていると思ったからです。

もともと次男なので、後継者であるというアイデンティティをあまり感じていませんでした。ここ一～二年くらいは後継者候補としての自分という意識に変わってきました。ですが、この継承する・継ぐという話を考えるのはずっと嫌で、とてもおそれてきたことです。だから避けてきました。他人に継がないのかと聞かれても、はぐらかしてきました。

現在は考えないようにしていたおそれを積極的に扱っていこうと決めました。このプロセスの果てに自分が継ぐかどうかはわかりません。ですが、おそれを手放していくと、どっちでもよくなっていくのではないかと思っています。お寺の管理という業務は、自分のクセのあり方だと全く向かないかもしれないし、逆に自分のクセを活かした新しい運営の仕方が見つかるかもしれません。

「自他の抜苦与楽」を念頭において動いていくと、むしろ地雷を持っているということは、それを解消していくことができるポテンシャルを持っているともいえます。継承のプロセスの中で葛藤する人はとてもたくさんいます。また〝伝統的〟という括りをつけられる分野の人たちも同様です。その人たちとの間でトランジションが起こっていくとすると、自分自身の地雷はリソースであって、ありがたいものだとも思います。

おそれの手放しは、ほかの人がおそれを手放す参考例になっていきます。おそれていたものに制約されないようになっていくと、どんどん心身軽く活動していくことができるようになっていくと思います。おそれはポテンシャル。まだ見ぬ未来の可能性が生まれていく創作源です。

「〜のせいだ」を卒業するために

「〜のおかげだ」もジャッジしている

三浦：トランジションセッションでは、何かのせいで物事がうまくいかないという「〜のせいだ」という、物事の見方のクセが強い人も来る一方で、「お前のせいだ」と言われて許してもらえずにそのことについて悩んでいる人も多く来ます。ここでは「〜のせいだ」とみなしてしまうこと・みなされることについて話していけたらと思います。

松本：人間は何にでも理由を求めてしまう生き物ですよね。だから、「〜のせいだ」はネガティブな理由の表現の仕方ですが、「〜のおかげだ」も、それはポジティブな理由の表現であり、本質的には同じことなのです。これは誰の仕業か、誰の手柄かということですね。すべては縁で起こってきていることだなあ、ぐらいに思えるといいのではないでしょうか。「おかげ」であれ、「せい」であれ、結果は「これ」でしかありません。

三浦：「～のおかげだ」も「～のせいだ」と同じようなものということはこれまで考えていませんでした。

松本：仏教の縁起的なものの見方を身につけることは、人生や生活のいろんな場面で役に立つと思います。あらゆるものは一つ一つ分断されてあるわけでも、独立してあるわけでもなくて、あらゆるものは、繋がっていて、それそのものとして独立してあるものは何もないんだということです。先ほども出てきた「波と海」の例えとも重なっています。

すべては関係性によって、仮に成り立っているに過ぎません。だから、「～のおかげ」というのは、自分にとって良い・好ましいものという判断をしているわけですよね。ピクニックの日に晴れたのは、日頃の行いのおかげかな、とか。でも、畑を耕している人からすれば、雨に感謝するかもしれません。そこには良い悪い、善し悪し、好き嫌いの価値判断が必ずあると思います。

でも、仏教の見方でいうと、今ここにこうして一つの結果があるだけです。今ここにあるこの結果をおいて他にどこにも現実はなくて、「これ」に良いも悪いもないのです。できることはただ、今ここにある結果を受け取って、次に私がどういう行為をするかだけです。より苦を生まない、より「自他の抜苦与楽」に繋がるような行為ができるかということです。

モノサシを手放す

三浦：なるほど。それは仏教の価値基準にしたがって、それを満たしているという方がいいという、その方向性を作ってしまうことにはなりませんか？　この行いがより正しい、これは正しくないという区切りを作っていくことにつながって、そこに囚われてしまうことにはならないのかと疑問になりました。

松本：確かにそれは、仏教倫理というか、仏教の物差しで判断されるように堅苦しく感じられるかもしれません。でも、繰り返しますが、仏教の根本目的が「自他の抜苦与楽」であるならば、「自分も他人もより苦しまず、より幸せに生きられることに資するかどうか」で、良きものかどうかを見ていけばいいのではないでしょうか。

私は、良い行為を良い習慣として身につけることが大切だと思います。どういうものが良い習慣になるのかといえば、例えば、お酒やタバコなど依存性のあるものは、摂取することで一時的に心地よさをもたらしてくれるような気がしますが、基本的な性質が毒であることは確かです。それを繰り返し繰り返し摂取すると、依存が増して健康を害します。物理的なものでなくとも、考え方の習慣もそうですね。何か思い通りにならないことがあるとき、他人や自分を責めることを繰り返していると、思考パターンが習慣として定着して、心を病んでしまうこともあるでしょう。良き習慣を身につけることは、依存や思考停止とは違います。良き習慣が身につけば、その習慣が心身の健康を守ってくれるということは、確かに言えると思います。

自分の心身の健康だけではありません。今、地球環境の危機がかつてないほど高まっています。そしてそれは気候変動や環境汚染といった自然環境だけでなく、差別や暴力など人間を取り巻くあらゆる環境に及びます。さらに、その問題を解決する主体は、もはや国連や各国政府など公的機関に任せておくだけでは間に合わず、世界中の企業や組織はもとより、地球市民の一人ひとりが立ち上がって主体的に行動する必要があります。

一章でも触れましたが、そのような中、二〇一五年に国連で採択されたSDGsは、貧困・飢餓・不平等など一七の諸課題を解決するための目標で、世界中でその実現に向けた動きが活発化しています。SDGsとは、Sustainable Development Goals（持続可能な開発目標）の頭文字です。「誰一人取り残さない。No one will be left behind」という理念は仏教に通じます。「自他の抜苦与楽」は、言い換えると、私たち一人ひとりが、自分も他者も地球も持続可能な良き習慣を身につけ、その良き習慣が社会全体に広まって慣習として定着することでもあります。そう考えると、私たち一人ひとりが良き習慣を持つことは、地球の健康を守ることにもつながるはずです。

最近の若い方は、社会貢献意識が高くて素晴らしいなと思うのですが、逆に自分を犠牲にしてしまうと、努力教、我慢教になってしまったり、燃え尽き症候群になってしまったりすることが、しばしばあります。その点でも「自他」の両方が入っていることはとても大事です。

三浦：ここでの主題だった「～のせいである」ということは、縁起の世界における抜苦与楽の視点から見ると捉え方が変わりそうですね。

松本：はい。極端な例ですが、親が子どもを虐待して死に至らしめる事件などをニュースで見たとき、私たちは憤ります。遺族の感情を思い、社会の規範に照らし合わせてみると、到底許されることではありません。しかし、本当に純粋に「犯人のせいだ」ということができるかといえば、必ずしもそうとはいいきれないのではないでしょうか。犯人の生まれ育った家庭環境が影響しているとしたら、その両親のせいだともいえるかもしれません。さらには今、住んでいる環境が貧しく荒れていて、その影響があるのかもしれません。その人の人格が作られてくるまでに、ありとあらゆるものの影響があったはずです。そのどれをとっても、それが唯一の原因とは言えないと思います。すべては切り分けることができず、過去から連綿と「縁によって起こる」ことが連鎖した結果として、今があります。

そう考えると、「～のせいだ」という時に、本当はそんなに簡単に原因を何かや誰かに帰することはできないのにも関わらず、それを無理やり片付けようとしていることがわかってきます。親鸞聖人の言葉を集めた『歎異抄《たんにしょう》』には、このような文章があります。「わがこころのよくて、ころさぬにはあらず。また害せじとおもうとも、百人千人をころすこともあるべし」。つまり、私の心がよいから私は人を殺さないのではない。縁がないから殺さないだけであり、縁さえ熟せば、人は百人でも千人でも殺すかもしれない。人は縁によってどのような行いをもしてしまう存在なのだ。そのような意味です。

とかく人間はスッキリしたい生き物です。わからないことや理解できないことをおそれるがあまり、物事を単純化して何かしらの理由を見出して、わかったこと、理解できたことにして片付けようとしがちです。

三浦：「〜のせいだ」と思った時に、自分がどういうものに物事の原因を求めがちなのかを観察してみよう、とよくセッション中には自覚を促します。人によって何に原因を求めるのかはバリエーションがあるからです。自分のせいだと考えがちな人もいれば、他の人のせいだと考える傾向の人もいます。さらにはどういう環境になるとそうなりやすいのかという周囲の環境のパターンにも傾向があります。

そういったパターンをつかんでいくと同時に、パターンを形成しているのはエゴの働きであり、日々何かがただ起こっている連鎖の中で、その物事は生起しただけということに気づいていくと、「〜のせいだ」という思いは少なくなっていくことが多いです。

さらに、「〜のせいだ」という発言が出る根底に、意識の中では言語化し切れない心の欲求が抑圧されていることが多いので、それを自覚していくサポートをしています。

松本：自分が無意識にしてしまっていることのその一つ一つに気づいていくことが大切です。思考のクセのスイッチが入ったなとわかるようになるのが最初のステップです。この時に、ただそのスイッチがオンになった自分に気づいていくのであって、オンになったこともOK、ならなくてもOKなんです。

そういう自分を受け入れていくと、だんだん楽になっていきます。いちいち誰のせいにせずとも、ただそれが起こっているのだと受け入れることができます。

三浦：あと、お話していて、「〜のせいだ」の対象が見つからない時に辛さを感じるという人間のクセもあると思いました。

自分の内にある根源的なニーズが満たされないときに、自分自身の現象に目を向けるのではなく、外に理由を求めることがクセになっている人はとても多いと思います。自分を非難しがちか、身近な他人を非難しがちか、はたまた社会という抽象的なものを非難しがちか、それぞれ異なります。そもそも非難するパターンに執着しているということに気づかないといけません。

この問題において、「～のせいだ」という非難の矛先が自分に向いてしまうこともあると思います。たとえば、とある企業の社長は自分自身が「～のせいだ」という対象にされてしまうことにしんどさを感じていました。そのことに対して、自分が悪かったと社員に伝えていたそうです。本心から自分のせいだとは思っていなかったようですが、社会的なポーズとして言わざるを得なかったという話をしていました。

話をさらに聞いてみると、「おまえのせいだ」とみなしてくる社員のせいで物事がうまくいかなくなっているという思考回路になっており、社長自身も社員と同じようなパターンに取り込まれていました。

そのことを自覚した後は、徐々に社員さんにそのように言われることも少なくなっていったようです。自分で気づかぬうちに、同じパターンを繰り返していたことが意識化において自明になり、さらにそのクセを生み出している状態を俯瞰的に眺めることができるようになっていったようです。自らの行動のいたるところに社員の非難を生み出す言動が見つかり、それをやめていったとのことでした。

このように、すぐに状況が改善していくケースばかりではありませんが、「～のせいだ」にまつわる悩みを抜け出していくことは可能です。根気のいる変容プロセスですが、そのプロセスすらも楽しんでいけるといいですよね。

比較症候群

パターンに気づく

三浦：この前、「法人立ち上げました」とか、「こういう活動してます」とか、SNS上で面白そうな活動をしている人を見ると気落ちしてしまうパターンを持つ方の相談を受けました。相談自体は家業継承についての話だったのですが、本人がしんどくなっているのはその比較の構造に引きずり込まれてしまうことが大きな要因になっていたと思います。他人と比べてしまうという話はとてもよく聞く話題です。

オリジナルでなければならないという強い思考の前提がある人は、若い人たちにとくに多いと思います。

嫉妬したり、イライラしたり、何かあら探しをして否定したり、それを否定する理由を、自分の中で自分で探そうとしたり。みんながそのような価値観でお互いを見ているから、それに対して違和感を持たずにオリジナルになろうとして消耗してしまいます。何もせずとも、そもそも「私」はオリジナルな存在でしかないと思いつつも、それを受け入れることは今の社会の規範の中では難しいと感じる人も多いのかもしれません。

まずどういうパターンを持っているのかを自覚するところから始めるのが大事だと思います。


松本：そうですね。比較のクセがついている人は多いですよね。

前にも出てきましたが、波と海の例えを思い出してみましょう。自分は波で、あっちの大波やこっちの小波と自分を比べて、勝った負けたと騒いでいる。でも、波の本体は海なんです。同じ海水でつながっている。比べることには本当は何の意味もないと気づけば、ずいぶん世界の見え方が変わります。といっても、常に海である自覚を保つことなんてできないので、そうかなって思った瞬間、またすぐに腹減ったなとか、あいつは嫌いだとか、おれの方が優秀だとか、そんなふうになってしまいます。でも、波か海かの二択ではなくて、波は波であると同時に海でもあるという感覚をどこかに持ち続けることだけでも、やっぱり日々は少しずつ変わってくると思います。

波へのこだわりを捨てることはできなくても、本来は海だよねっていうことに気が付いていること、知っていること。それだけで大きな違いとなります。あの人が憎いとか、この人が好きだとか、波はそのときどきでいろんな波立ち方をするわけですけど、心の底で「まぁ、本来は海なんだから、たいしたことはないね」というふうに、どこか引いて見られる目を持っていると、影響の受け方が違います。心のクセがありますから、影響が無になるわけではないですけど、だんだん穏やかになっていくことは、確かに言えると思います。

私も昔は今よりもっと波である自分にこだわっていました。優越感とか劣等感とか、勝った負けたとか、自分とあいつは違うとか、どういうふうに人から見られるかなとか、そういうことを気にしてばかりいました。波としての自分しかないので、波であることにも気づかないのです。

でも、だんだんと仏教に親しむようになって、あるとき、「あっ、やっぱり波だわ」っていう気づきが腹落ちしたんです。そうなっていくと、そもそも、いちいち波に反応しなくなります。反応がゼロになることはないですし、ゼロにできる気もまったくしませんが、湧いてくる波は波として受け止めれば、すぐに流れていきます。しがみつかないことがコツだと思います。

縁起の世界の現れとしてそれぞれの個があるように思えるだけで、それを比較して優劣をつけることにあまり意味はありません。

わかっていても、腹落ちしないと意味がない

松本：たとえば、大学受験を前提に高校一年生のときを考えてみましょう。入試の赤本っ

てありますよね。赤本に答えが掲載してあります。

でも、答えを見たからといって、わかったことになるかというとそうではありません。自分で解けるわけではないからです。数学の問題で、答えはこれと言われても、それについて自分で解けるようにならなければ、本当に腹落ちしてわかっているかというと、そうではないわけです。

それとおなじで、仏教の中に答えが与えられてはいるので、そうなのかなと思いつつ、でも本当に腹落ちしているかというと、そうではありませんでした。でも自分の人生でいろいろと思い通りにならないことがたくさん起きてきます。思い通りにならないこととは、苦ですよね。そのような苦に、自分自身で向き合っていく中で、だんだんと腹落ちしてくるのではないでしょうか。自分の人生の経験を通して、練習問題を解き続けているようなものです。

腹落ちするところまでいくときに、仏教の教えがある。そこにまた、次へ入るための扉が用意されているようだな、と私は感じています。その扉は、入ることはできても、行き着く先をちゃんと理解しているかどうかまではわからないところがあって、でも、常に扉は開かれているという、そういう感じがあるんですよね。

このように仏教の智慧はすでに比較を抜け出すためのエッセンスを提示してくれているのですが、それが腹落ちしてわかるというのは徐々に、ときにはある時点で大きく進むものかもしれません。

三浦：人の内面の世界の変化はそのような特性を持つものだと思います。頭ではわかっているんだけど、やめられない。知識や思考だけではどうにもならないことがあります。トランジションが起こっていく時、ある時にはジワジワと進んでいき、ある時には急激に進んでいくこともあります。こういうふうにトランジションを計画的に進めてやろうという意図があっても、必ずしも意図通り進まないかもしれません。そのリズムは自然環境が移り変わるさまと共通しているように思えます。

比較の話でいうと、まず比較をしている自分に気づくところから始まり、それがクセとして繰り返されていくプロセスを経ながら、少しずつクセの発動から自由になっていくというトランジションを体験していくことになります。そのクセが発動した時に、クセが出たからやめないといけない！　と意気込んでいくと、逆にそのサイクルから抜け出せなくなるので、クセの扱いにはコツがいるのだと思います。

松本：比較してもＯＫ、比較しなくてもＯＫ。これが大事です。「だれとも比較しない自分」というふうに理想化すると、「比較してしまう自分」が出てきた時に落ち込みますよね。

理想化するのではなくて、受け入れましょう。比較してもOKだし、比較しなくてもOK。そのように受け入れていくと、だんだんと比較することで消耗しなくなっていきます。

三浦：とはいえ、なんでもOKでいいとはいいつつ、どうやったら比較してしまう自分を受容することができるのでしょうか？

松本：「自分の物差し」に着目してみてはどうでしょうか。

他の誰かを羨んだり、憎んだり、嫉妬したりする気持ちは、誰でもありますよね。知らない人とすれ違ったとき、憎んでいるとまではいかなくても、「負けたな、お洒落だな」とか、「スタイル良くて羨ましいな」とか、「感じ悪いな」とか、常に考えながら生きているのが人間です。それも、自分の中に作り上げた物差しによって、それを誰かに当てて、自分にも当てて、比べて勝った負けたとかやっているわけです。羨ましいとか憎たらしいとか、それも一人相撲じゃないですか。

比較をしてしまうというとき、自分の中にもっている物差しで苦しくなっているんです。その構造を理解することがまず始まりですね。

三浦：自分と世界の関係性を頭に置いておくことは、比較をすることで消耗してしまう自分を受け入れ、手放していくことを進めるにあたって重要な観点だと思います。
まとめると、比較症候群を手放すには、周りの人(や環境)に向けている意識を自分が生み出していることを理解し、比較しようが比較しまいが、「OK」と受け入れていくこと。そのような感じでしょうか。

過去の自分との比較、未来の自分との比較

三浦：ほかの人と自分を比較してしまうということについて話してきましたが、自分一人のなかでも、過去の自分や未来の自分と今の自分を比べてしまうこともあると思います。
幸せな家庭を築いている理想の自分、仕事で成果を出している理想の自分、過去の評価されていた自分などです。そのような比較もよくあることですよね。

松本：ありますね。自分と他人を比較するよりは、今の自分と過去の自分を比較した方が健全だと思います。とはいえ、過去の自分には戻れませんし、過去を変えることもできません。「今ここ」にいる自分しか存在しないし、「今ここ」にいる自分からしか始めることができないと、知ることが大事だと思います。「私」という存在は、どこまで行っても、「今ここ」にしかいません。
たとえば、ここに、未来が見える窓があるとしましょう。この窓から向こうの景色を見

ると、向こう側には一〇〇年後の世界が見えます。覗いた先は、タイムスリップしているんです。今が二〇一九年だから、見えている景色は、二一一九年の世界です。でも、私が窓の外を見ても見なくても、私は常に今ここにしかいないですよね。見ている私自身は、何も変わっていません。見ている私自身に、時間はまったく影響していないのです。

ふだんの生活で、便宜上、過去があって現在があって未来があって、その時間の線上を私たちは未来に向かって移動しているような気になっているけれど、実際には、私は「今ここ」の一点にしかいないし、それ以外の場所にいたことはないのです。当たり前ですが。ときどき、頭の中で未来の想像を上映したり、過去の思い出を上映したりすることはあっても、その「上映」は今ここで起こっていることに他なりません。

仏教で、「諸行無常、諸法無我」といいますが、私は常に変化し続けていて、私という存在の変わらない核のようなものがあるわけでもない。過去、現在、未来と変わらずにあり続けるものは、何もないのです。

チベットのお坊さんの話を思い出します。兵士虐殺に接し、チベット人のお坊さんが涙を流しました。なぜ涙を流すかというと、虐殺された人々に対してもそうですが、虐殺した兵士に対しても哀れんで涙を流したというのです。「ひどいカルマを増やしてしまって、なんと可哀想な兵士なのか」と。カルマとはその人のこれからの人生に影響を与え続ける心のクセであるとすれば、その兵士は大変なものを蓄積してしまっているということです。

今後、自分のしてしまったことが脳内のフラッシュバック映像として現れ、その人の心にとてつもなく重い影を落とすことでしょう。いつも心に引っかかっていて、ときおり何かノイズのように関係ない場面で心に刻まれてしまった映像が紛れ込んでくるでしょう。

受験生だったら、志望校に合格して胴上げされている自分の映像を見ているのかもしれません。どんどん状況は変化しているのに、何かにしがみつき続けているわけだから、引き裂かれていきますよね。友人に裏切られたショックを抱える人が、ショックすぎてずっとそれを思い出して引きずってしまって、次の友人関係をどうしても作ることができないというのも、そういうことですよね。

三浦：そのような過去の映像はトランジションを妨げるものになりえます。特に、いいイメージを持っていることが自分の内面の変化を妨げているという視点には目がいかないことが多いですよね。

「たられば」は妄想でしかない

松本：「〜たら」とか「〜れば」は全部嘘、というとちょっと言い方がきつすぎるかもしれませんが、でも仏教からすれば、「〜たら」とか「〜れば」は、全部条件なんですね。「もし何々が得られれば幸せになれたはずなのに」などは全て仮定の話で、妄想だから、本当は聞く必要もないものです。

将来への不安や過去への後悔といった、「たられば思考」を必ずしも否定しているわけではありませんが、それはあくまでも可能性の話であり、現実は常に「今ここ」しかありません。反省のプロセスとして、次の行為につながればいいとは思いますが、ただただ後悔している過去の映像がフラッシュバックするばかりというのは、苦しい出来事を余計に脳内で繰り返し再生して追加ダメージを受けているようなものです。

でも、そういうことを多くの人がやっていますよね。過去を振り返る時に、こうすればよかったのにとか、もしこうしたらどうだっただろうとか、「たられば」をやってしまいます。わかっちゃいるけど、やめられない、です。逆にみんなもう少し、肩の力を抜いてちょうど良く生きられるといいですよね。

三浦：トランジションが進行していく過程で時間感覚も変わっていきます。松本さんがおっしゃる「今ここ」しかないという視点の時間感覚の受容は、「過去―現在―未来」という時間感覚を捨てることではありません。むしろ、それらは松本さんが窓のメタファーを出して語ったように、今の瞬間に、過去も未来も包含されているという二つの時間感覚の統合が起きるのではないかと思います。

現代社会で多くの人は「過去―現在―未来」の時間感覚が頭に刷り込まれていますよね。

ビジネスの世界では特に未来を設計して、そのために今行動するという思考のあり方が根強く支持されています。『サピエンス全史』を書いたユヴァル・ノア・ハラリ氏は、ホモサピエンスという人種は虚構を信じ、それを共有することができる能力によって社会を繁栄させてきたということを指摘していますが、これは私たち人類が進化の過程で身につけた能力です。

時間を管理し、「過去―現在―未来」という時間軸の信仰から覚めていっている人たちが増えていくであろう過渡期に、私たちは「虚構を信じることができる」ということを自覚的に扱うことが求められているのだと思います。

水平的トランジションではこの虚構が重要なカギになります。私は何者かであるという意味がいったんほどかれることで、新しい虚構を描き直し、新しく掲げる何者かに向かっていくというトランジションです。

一方で、垂直的トランジションは、私たちが何者かであるということも、何者かになれるということも、あくまで虚構でしかないということを悟るというものです。この水平的トランジションや垂直的トランジションは、次章でも詳しく説明していきます。

未来と過去は頭の中で作り出してしまう虚構でしかないけれど、ありありとした虚構です。それに阻害されて生きるのではなく、活かして生きる方法を身につけていきたいところです。

第五章　垂直的トランジションという生きる技法

四章で、松本さんと対話して見えてきたことを、「トランジション」という視点から三浦がもうすこし整理してみたいと思います。

人生のチェンジとトランジション――外的な変化と内的な変化

二章でも触れましたが、チェンジは外形的なもので、環境が変わったり人生に何かライフイベントが起こる、そういう外面的な変化のことを指し、一方でトランジションはチェンジによってしばしば置き去りにされる、内面的な変化のことです。さらにこの本では、一章で触れたように、ケン・ウィルバー氏が指摘する、宗教の水平機能ではなく、主に垂直機能がもたらす私たちの世界の捉え方の変化について、垂直的トランジションと名付け、より探求しています。垂直的トランジションを語るにあたり、それは何か宗教を信じることや、何か宗教的な物語を信じることを勧めるものではありません。

個人の一生が複雑化している

一つ前の時代には教育（小学校、中学校、高校、大学）、就職、退職後という三ステップ

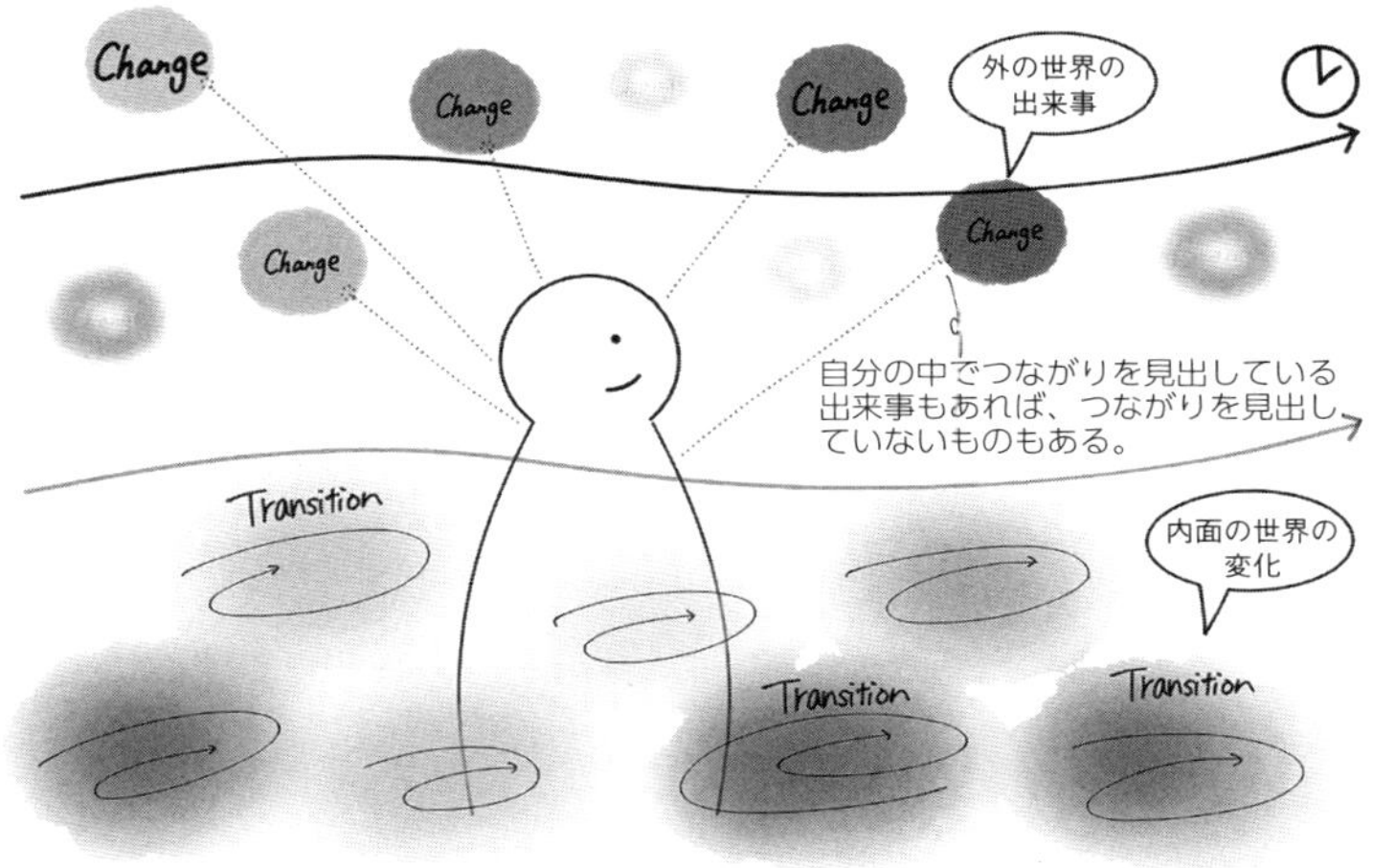

を経て生きていくことが通説でした。現在は転職が以前と比べるとマイナスのイメージのものではなくなり、勤労形態も変わってきました。移動コストが下がってきたことやチャットツールやオンライン通話技術などが発達したことがそれを支えています。

終身雇用が当たり前だった上の世代と下の世代の考え方の違いは明らかです。私たち若い世代が体験する世界はこれまでの社会規範が通用しづらくなっていく社会なのかもしれません。『通過儀礼』を著したファン・ヘネップ氏は社会についてこう述べています。

> どのような社会においても、個々人の一生には順次に年齢の階梯を経

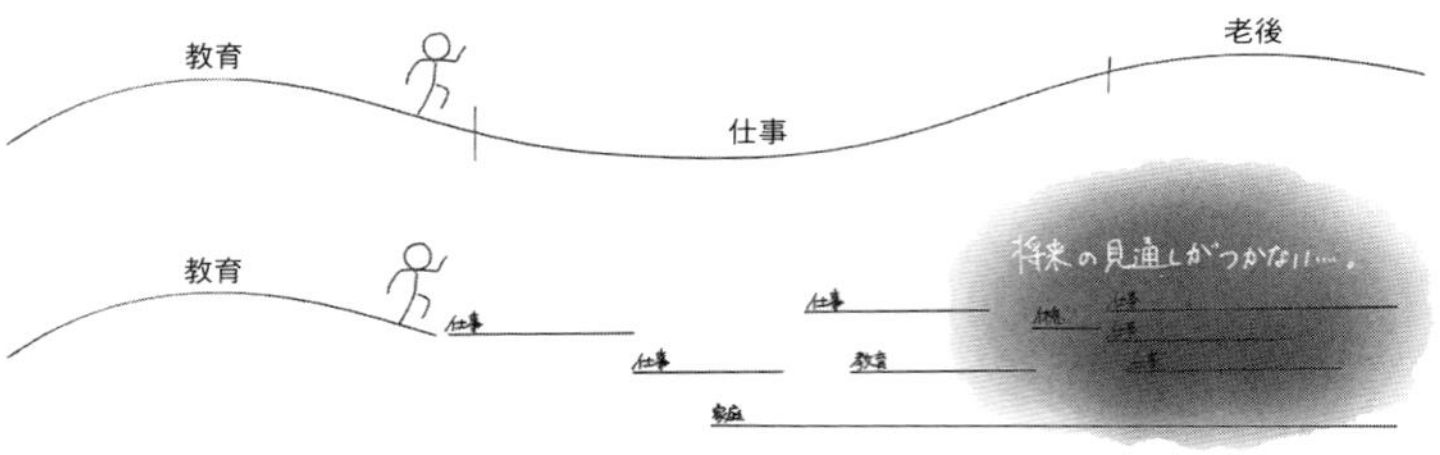

ていくことと、ある仕事から別の仕事への移行とがある。年齢や職業による分離が存在するところでは、集団から集団への移行にはある特殊な行為、例えばわれわれの社会における職人見習い奉公のようなものがつきものである。（中略）ある集団から他の集団へ、またあるステータスから次のステータスへ、次から次へとなぜ移っていかなければならないのかということは、「生きる」という事実そのものから来るのである。つまり、ある個人の一生は、誕生、社会的成熟、結婚、父親になること、あるいは階級の上昇、職業上の専門化、および死といったような、終わりがすなわち始めとなるような一連の階梯からなっているのである。
（『通過儀礼』岩波文庫、二〇一二年、一一三―一一四頁）

その一方で私たちが生きる時代は、この前提が揺らいできているのではないでしょうか。結婚しないことを選択する人も増えていきますし、当たり前だと思われていた男女の性差の境も揺らいでいます。そもそも社会という共通の概念だと思われて

いたものも、個々人がどう意味付けるか次第で変わってしまうもので、皆が共有している
と思い込んできた幻想なのかもしれません。

ファン・ヘネップ氏の社会についての指摘から学び取れることは、終わりを作り出して
いくことの重要さです。トランジションの概念が打ち出された『トランジション――人生
の転機を活かすために』においても、終わりから始めることは何度も強調されています。

私たちは新しいものを手に入れる前に、古いものから離れなければならない。それ
は外的にも内的にも言えることである。われわれは人々やさまざまな場所に対して、
自分が何者であるかを定義するようなつながりを形成している。つまり、新しい町に
住んでいるにもかかわらず、頭の中はこまごまとした古い記憶でいっぱいにしたまま
なのである。(『トランジション――人生の転機を活かすために』(ウィリアム・ブリッジズ、
パンローリング、二〇一四年)

あまりに多様化した世界では既存のシステムや物語が破綻していきます。既存の物語に
満足できなくなった人はスタートアップやベンチャー、アート、科学などの新興の物語に
意識を向けることもあります。他方で、何かの物語を信仰すること自体から離れる人も増
えていくでしょう。これを信じておけば大丈夫という思いは、人の希望になる一方で破綻

する可能性を持つ虚構であるという側面を持っています。

信じるものの対象の推移

私たちの生きる現代では、神様は絶対的な存在であると考える人が減ってきました。世界的なベストセラー『サピエンス全史』の著者でもある歴史家、ユヴァル・ノア・ハラリ氏は、『ホモ・デウス』で、そのことについて、人間至上主義という言葉で説明していきます。その世界観において、人類が「自分の心に従う」というスローガンを重要視していることを述べています。

私たちが意味の究極の源泉であり、したがって、人間の自由意志こそが最高の権威であると、人間至上主義は何世紀もかけて私たちに納得させてきた。私たちは何かしら外的なものが、何だどうだと教えてくれるのを待つ代わりに、自分自身の欲求や感情に頼ることができる。私たちは幼い頃から、人間至上主義のスローガンをこれでもかとばかり浴びせかけられる。そうしたスローガンは、「自分に耳をかたむけよ、自分に忠実であれ、自分を信頼せよ、自分の心に従え、心地よいことをせよ」と勧める。

(『ホモ・デウス（下）――テクノロジーとサイエンスの未来』河出書房新社、二〇一八年、三六頁)

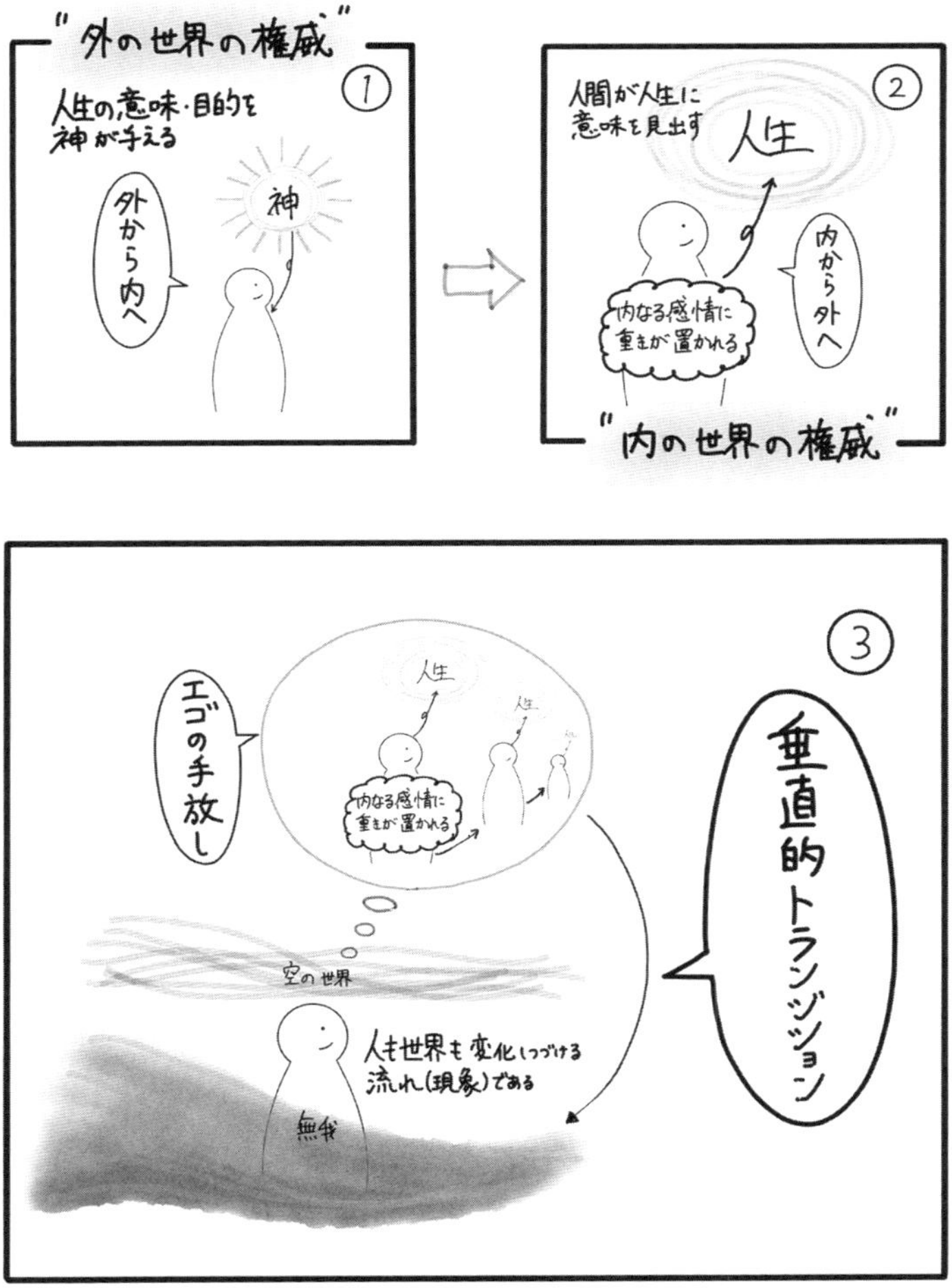
"外の世界の権威"
①
人生の意味・目的を神が与える
神
外から内へ
②
人間が人生に意味を見出す
人生
内なる感情に重きが置かれる
内から外へ
"内の世界の権威"
③
エゴの手放し
人生
内なる感情に重きが置かれる
空の世界
人も世界も変化しつづける流れ(現象)である
無我
垂直的トランジション

私たちが生きている現代は「私がどう感じ、何を考えるのか」を重要視することが望ましいという規範を信じる人が多い世界だと言えます。

その一方で、ハラリ氏は人間至上主義を批判しながら、自己という信仰も想像上の物語でしかないことを指摘しました。中世においては、人生の意味というのは外部の世界（たとえば宗教）によって規定されるものでしたが、現代において主流なのは、自分たちなりに意味づけをすることです。それにはここ数百年における人間至上主義、そして自由意志があるという信仰によって成り立っています。

「私」という存在は物語でしかない

「私」という存在は、生まれてから今に至るまで多くの経験をしてきて、それがひと続きのものだと感じているかもしれません。しかし、現実には「私」を指しているのは、自分が経験した現象の流れ全てではなく、部分的なエピソードをくっつけて成立している物語でしかありません。意味づけのしようもない混沌とした世界に直面して、意味づけすることができたほんの少しのパターンを物語として紡ぎ出しています。

この経験してきた物語は記憶と言い換えてもいいと思います。この記憶は今の瞬間に構築されて生じている現象です。これについて生物学者の福岡伸一氏が記憶の正体についてこのように語っています。

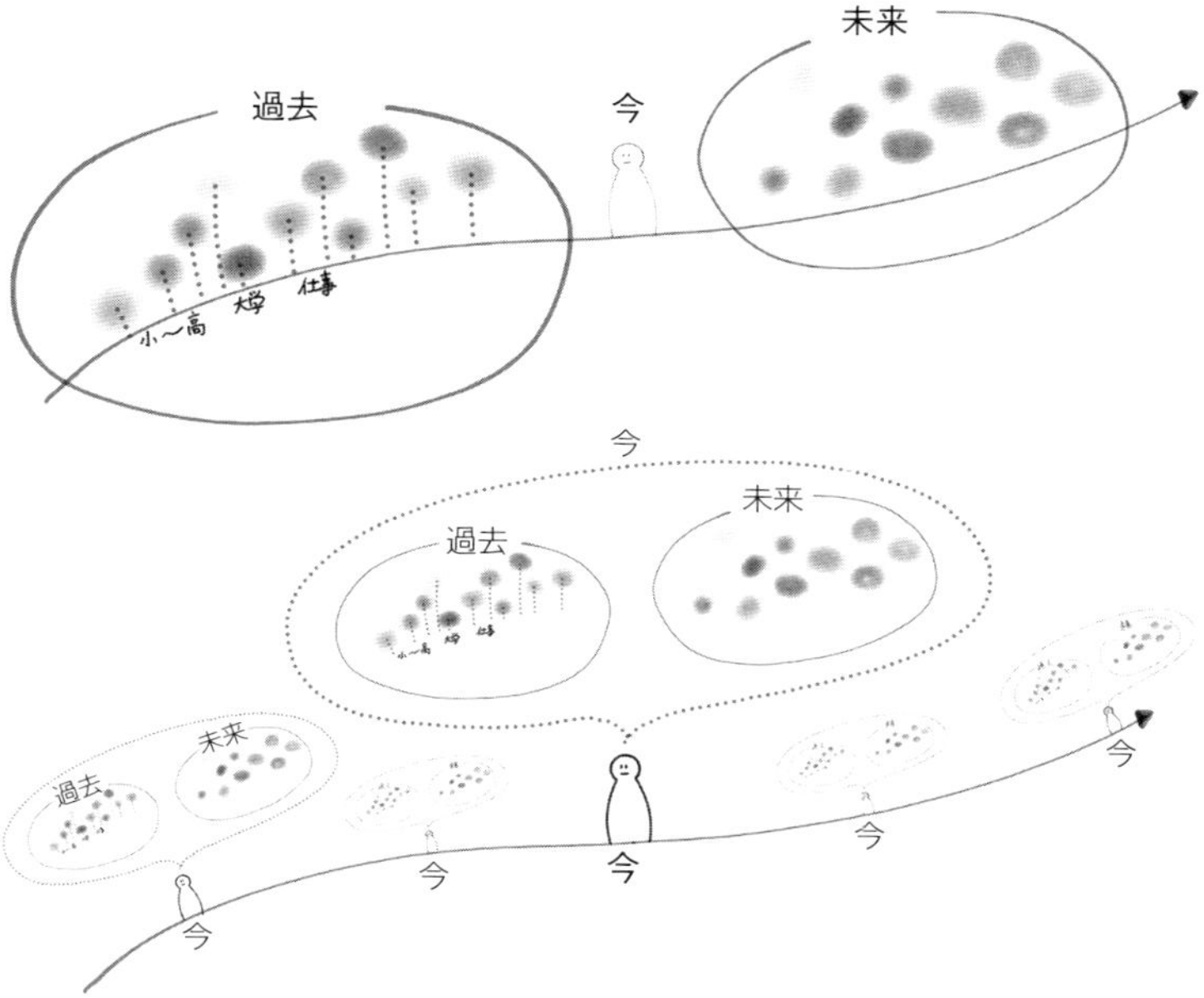

ではいったい記憶とは何だろうか。細胞の中身は、絶え間ない流転にさらされているわけだから、そこに記憶を物質的に保持しておくことは不可能である。それはこれまで見てきたとおりだ。ならば記憶はどこにあるのか。それはおそらく細胞の外側にある。正確にいえば、細胞と細胞とのあいだに。神経の細胞（ニューロン）はシナプスという連携を作って互いに結合している。

結合して神経回路を作っている。神経回路は、経験、条件付け、学習、その他さまざまな刺激と応答の結果として形成される。（中略）あるとき、回路のどこかに刺激が入力される。それは懐かしい匂いかもしれない。あるいはメロディかもしれない。小さなガラスの破片のようなものかもしれない。刺激はその回路を活動電位の波となって伝わり、順番に神経細胞に明かりをともす。ずっと忘れていたにもかかわらず、回路の形はかつて作られた時と同じ星座となってほの暗い脳内に青白い光をほんの一瞬、発する。たとえ、個々の神経細胞の中身のタンパク質分子が、合成と分解を受けてすっかり入れ替わっても、細胞と細胞とが形作る回路の形は保持される。（『動的平衡——生命はなぜそこに宿るのか』木楽舎、二〇〇九年、三六頁）

経験の主たる構成要素だと思われている記憶も神経細胞同士で形成された回路でしかなく、細胞の一つ一つは常にリフレッシュしているのです。この細胞たちに支えられた「私」という存在も変わっていくものでしかなく、確固として固定化できるものではありません。

ハラリ氏が指摘している人間至上主義の論の根拠は、確固とした人が存在するということに基づいていました。ただ変わり続ける現象としての流れだけがあるという視点に立つと、「本当の私」は存在しないことになります。

持続可能に、枯渇せずに生きるために世界観を更新する

垂直的トランジションの実践は、私たち一人一人が持続可能な形で生きていく営みの実践でもあります。デザイン研究のトップ校の一つ、アメリカのカーネギーメロン大学ではキャメロン・トンキンワイズ氏たちがトランジション・デザインという研究分野を提唱しています。

トランジション・デザインでは、人や社会が自然と調和する方向に向かい、持続可能な世界へ移行することをデザインによって促進していくというフレームワークが掲げられています。トランジション・デザインはその移行をデザインによって促進していこうとする研究・実践領域です。

トランジション・デザインでは、過渡期には人間の新しい存在方法が必要であると主張しています。環境学者で物理学者であるフリッチョフ・カプラ氏によると、二一世紀において私たちが直面している無数の問題は相互に関連・関係しており、単一の人間の世界認識の仕方にまで遡るとのことです。彼は、その世界認識の仕方とは、複雑なシステムを理解するには不十分な、機械論的・還元主義的な世界観と定義しています。さらにより包括的・生態学的な世界観への移行は、持続可能な未来への移行にとって最も強力な方法の一つであるとのことです。

近代社会の特徴は、人や自然などさまざまな要素を管理・コントロールすることによっ

て価値を生産することでした。一方で、トランジション・デザインは人が自然と調和していく社会・世界の構築を志向しています。

たとえば、人が自然と調和していく世界では、会社の中での固定化された役割の中で生きるのではなく、いっときも留まることがない自然環境のように変化し続ける自分に合わせて、マネジメントの仕方が変わる柔軟なシステムが生まれていくかもしれません。

また違う例では、変わっていく自分に合わせて家族内の関わり方も変わっていき、より柔軟に家庭と仕事のバランスが調整されていく生き方が生まれていくかもしれません。

現代は私たちを苦しめることもある移行期である一方で、自分たちがより活かされる形を模索していく実験期でもあります。

人生を幸福に生きる仏教のアプローチ

私たちがこの現代で健やかに生きていくためには、一人一人が持続可能なライフスタイルを志向していくことで持続可能な社会を形作っていくことが重要になります。そこでは幸福が一つの鍵になります。ここでの幸福は「不安やおそれ」を受け止め、手放していくことで見つかっていくものだと思います。

皆さんは意識的に、または無意識的に、どういう条件に至れば幸福になれるかを日々試行錯誤しているのではないでしょうか。前述のハラリ氏が指摘していた人間至上主義の世界観では、幸福は外的な条件の中に求めず自分の内に求めることができるという立場を取りますが、仏教の幸福のアプローチは異なります。ハラリ氏は幸福について『サピエンス全史』の中でこのように述べています。

幸福が外部の条件とは無関係であるという点については、ブッダも現代の生物学やニューエイジ運動と意見を同じくしていた。とはいえ、ブッダの洞察のうち、より重要性が高く、はるかに深遠なのは、真の幸福とは私たちの内なる感情とも無関係であるというものだ。事実、自分の感情に重きを置くほど、私たちはそうした感情をいっそう強く渇愛するようになり、苦しみも増す。ブッダが教え諭したのは、外部の成果の追求のみならず、内なる感情の追求をもやめることだった。(『サピエンス全史』、河出書房新社、二〇一六年)

仏教では幸福を感じるために、生化学の化学反応を操作して快楽を得るアプローチではなく、欲求を手放していくアプローチを取ります。人間として欲求を感じることは当然のことですが、その欲求を適切に扱うことによりおそれなき幸福な世界を生きることができるようになっていくのです。

「私」という存在の定義は常に仮のものである

垂直的トランジションが起こっていくためのマインドセットの説明に移ります。まず前提として、過去さまざまな哲学者や科学者が「私」という存在は何者か？　ということを語ってきましたが、これらのものは正解／不正解という括りの中で捉えることができるものではなく、全ては仮のものでしかないという前提のもとで成立しています。

「私」という存在が確固としているということは現代を生きる私たちの仮定にすぎません。慶應義塾大学大学院システムデザイン・マネジメント研究科教授の幸福学の研究者・前野隆司氏は次のように指摘しています。

いや、一人の人間とか、一つのリンゴという概念は絶対的だ、と思われるかもしれないが、一人とか一つという概念も絶対的ではない。人間やリンゴの物理的境界はどこなのか、と厳密に問うと、胃の中の食べものは自分なのか、リンゴの芳香の分子はリンゴを離れた瞬間にリンゴではなくなるのか、という議論が沸きあがる。屁理屈のようだが、そうではなく、メタ・理屈だ。私たちが、人間やリンゴの境界を合意しているから、一人の人間、一つのリンゴという定義――つまり、一種のモデル――を共有できているに過ぎないのだ。(『思考能力の作り方』角川ｏｎｅテーマ21、二〇一〇年)

前野さんが指摘するように、私たちは世界を記述するモデルに合意しているに過ぎません。「私」という存在もそれに当てはまります。また変化についても同様です。この世界で実際に起こっていることは、切り分けることができない現象の連鎖でしかありませんが、その中に切り分けた一部として「変化」という現象を切り取っているに過ぎません。

現代よく言われる変化観は、仮の最善解でしかなく、新しい世界認識の仕方や人間認識の仕方は時代の流れの中でどんどん生まれて

いくものです。

確固たる「私」は存在しない。ただ変わり続ける何かがあるだけだ

垂直的トランジションのベースにあるのは、「私という存在がそもそも確固として存在しているわけではなく、変化し続ける現象の流れが存在している」という見方です。

現代社会を生き抜く上で個性的でなければいけないと思っている人は多いのではないでしょうか？　スリランカ上座仏教長老のアルボムッレ・スマナサーラ氏は『無我の見方』（サンガ新書、二〇一五年）の中で、戦国時代の武将・毛利元就の話を出し、日本人が自分を出さずにコミュニティに合わせて生活することを美徳であるとしてきた一方で、現代では競争原理の中で「個性を出せ」と言われる状況にあり、求められる移行がうまくいっていないことを指摘しています。

私という存在は常に変化を続けているものであり、確固とした固定的なものではありません。前述のスマナサーラ氏は、本当の個性やアイデンティティという話題について、このように語っています。

「自分」とは、一つの流れ、小川や小さな滝のようなものです。中身は瞬間、瞬間で変わりますが、「小川がある」「滝がある」と言うことはできるでしょう。小川といってもすぐ変わる。滝といってもすぐ変わる。でも「ある（有る）」と言えますね。この「変わるけれどもある（有る）とも言える、これが個のアイデンティティです。つまり、「有って無いようなもの」なのです。（『無我の見方』サンガ新書、二〇一五年、一三五頁）

「私」という存在は変わりたくないと思っても変わってしまうし、変わろうと思っても変わります。挑戦しようが挑戦しまいが変わります。そういうものなのです。

変わり続ける「私」という存在は現象でしかない

「私」という存在は変わり続けるものです。そこに良いも悪いもありません。生まれてから死ぬまで変化を続けていきます。自分自身がどうあろうとするかにかかわらず、何かに影響を受け、何かに影響を与える流れの中に生きています。この世界観を説明したのが、仏教思想の「縁起」という考え方です。『仏教思想のゼロポイント』を著した魚川祐司さんによると、縁起はこのように説明されます。

さて、そのように全ての現象は原因（条件）によって形成されたものであり、したがって、いつか必ず消滅するものであるのだが、この「全ての現象が原因（条件）によって成立していること」を法則として概念化したのが、いわゆる「縁起」の説である。(『仏教思想のゼロポイント』新潮社、二〇一五年)

私がトランジションの渦中にある方の相談を受ける時、多くの方は「私」という存在が確固としてあるという前提の中で苦しさを感じている人が圧倒的に多いです。もちろん確固として変化しない存在だと思っているわけではないのですが、通常時は変化せずに固定化されているようなイメージを持っている人が多く見受けられます。

関係性とは

まず、私たちの世界は、何かがあって何かが起こる縁起の世界です。常にあらゆるものは変化していきます。流動的な川の流れのようなものです。お互いに境界線こそありますが、それらは仮に人間が定め、合意の取れたものであるだけで絶対に揺らぐことがないものはありません。

「私」という存在は、さまざまなもの・こと・人と関連しています。ある要素があり、

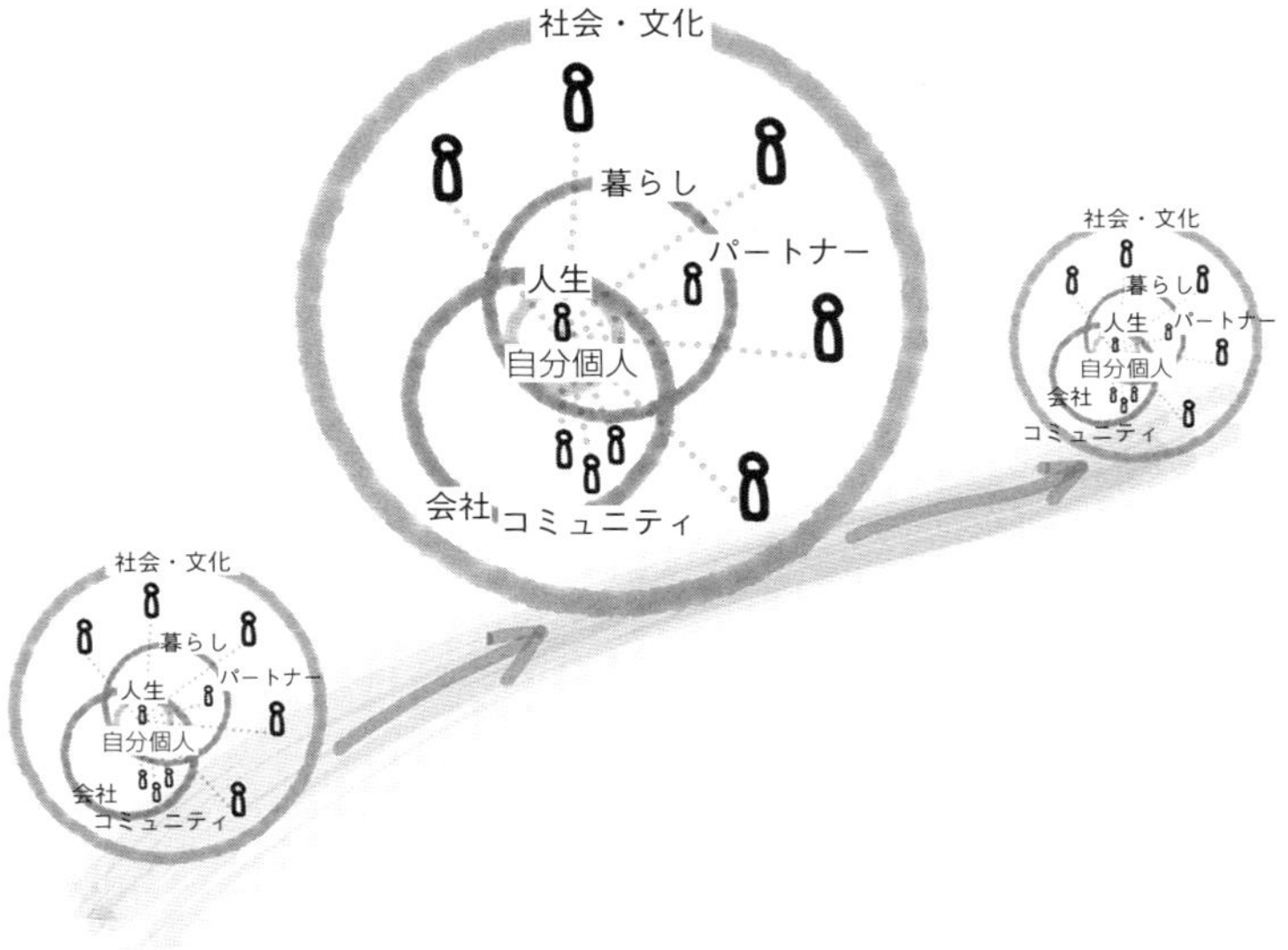

要素同士のあいだに何かしらの現象が起こります。それらの現象は毎回同じではありません。人と人との関係性を例に挙げると、片方が変わることによって、それがもう片方の人に影響し、あいだに生まれる現象は以前と異なるものになります。ただ、関係性には慣性が働くので、二人のあいだの関係の質は似通ったものが継続する場合が多いです。

「私」に垂直的トランジションが起こっていく時、それは周りにも影響を与えます。逆に、相手から返ってくる言動も異なるものになります。垂直的トランジションにおいて、「物事はコントロールできる」という観念を手放していくと、周りの人もコントロールできない存在として関わってくれるようになるという現象が起こることもあります。

自分自身と○○との関係性

私たちのトランジションが起こっていくのは、関係性が成り立つあらゆる要素との関わりの中においてです。たとえば家族やパートナーとの関係性、仕事との関係性、関わりのある第三のコミュニティとの関係性、デジタル世界との関係性が代表的なものです。

その関係性のあり方はおのずから違うパターンを形成しています。関係性を変質するためには、自分自身が変わるか、他の要素との関わり方を変えるかです。自分の思い通りにコントロールできるものではありませんから、調整を試みていくことの連続です。

特に人との関係性と自然との関係性は、トランジションが起きていく際に扱うべき大きな要素です。

垂直的トランジションはエゴを手放し続けるプラクティス（実践）

とはいえ、皆さんにはありありとこれが私だといえるような何かを感じていることだと思います。私・三浦祥敬においても、もちろんそれを感じながら生きています。ですが、この現象は都合よく自分が見ているものでしかないと、自覚しながら過ごしています。

垂直的トランジションで重要なのはエゴを手放すことです。毎日の生活でエゴはどうしても出てくるものですし、完全に悟りきった人でない限り、エゴが生じてくるのは避けられません。このエゴは否定したり、無きものとして抑圧していくと、むしろ大きくなる性質があります。逆に、感謝したり認めたりすると小さくなります。

ある環境で生まれて育っていく過程で、エゴは固有のパターンを持つようになります。それは行動パターンだけではありません。心のパターンも同様に形成されていきます。一人一人のエゴに同じものは一つとしてなく、ほうっておけば強化されていきます。

私たちは他人と比較してしまうし、何者かになろうとするし、社会規範を自分に刷り込んで罪の意識を持ってしまうし、思い通りにコントロールしようとするし、物事や人にラベルをつけようとするし、物事の原因を何かのせいにします。

放っておくとそのようなエゴの働きは起こります。それは当然のことです。しかしこの連鎖から抜け出していくことも可能で、練習次第でエゴによって苦しむことが減っていきます。

1. エゴ（自我意識）の扱い

エゴとは

エゴを適切に扱うために、まずエゴをどのようなものとして捉えるかが重要です。エゴというものは世の中の現象を説明するために作られている概念に過ぎませんが、今の時点での最善解として提示させてください。まずエゴによる命令で私たちは体を動かしているわけではありません。たとえば転職をしようと思う時、それはエゴの決定ではなく、あらゆる身体感覚や心の相互作用が起こり、結果としてエゴが私が決めたのだと思い込んでいることによって成り立っています。

先ほども紹介した幸福学の研究者・前野隆司氏の受動意識仮説では、従来の近代に研究されてきた心のモデルは「意思決定することは、意識が私たちの身体活動や心をコントロールすることで成り立っている」という前提に立ったものが多かった一方で、「意思決定は、身体や心が自律分散的に相互にやりとりをして為されているという立場を取り、「その結果を意識が見て、自分でそれを考え、意思決定したという錯覚を持つ」という現象が

オレが決めてんだ。
オレが中心だ。
イッキさん
おこらせたかな…
あいつのせいで
こうあるべき
したい(するべき)
どういう意味があるのだろう
私はこういう人間なんだ!!
こうあるべきなんだ!
心
身体

起きているという指摘をしています。

ではそれぞれの意識（エゴ／自我意識）、感情、身体をどう扱っていくのかを検討していきましょう。

何が浮かんできてもOK

「仕事の締め切りまでにプレゼン資料を作らないと……」という考えもあれば、「あの上司の言っていることは間違っている」という評価が頭の中に浮かんでくることもあります。

私たちの考えは、私たちが生み出そうとする前に勝手に出てくるものです。考えは次々に浮かびます。

垂直的トランジションを受け入れていくには、どんな考えが出てきてもOKというスタンスが重要です。四章の「比較症候群」でも、この「OK」がポイントでした。こんなこと思ってはいけないということもOKです。素晴らしい考えを思いついたというのもOKです。何が浮かんできてもOKを出していきましょう。

エゴの中では、「こう見られたい／見られたくない」ということや、「こうあるべきだ／あるべきではない」ということ、さらには「これが正しい／正しくない（間違っている）」という正誤判断、「どちらが優れ／劣っているか」の優劣判断など、さまざまなジャッジメント（判断）と評価（価値付け）が起こります。

それにＯＫを出していくことは、判断能力や評価能力を失うことにはつながりませんので安心してください。むしろ自分の判断のクセや評価を下す時の物差しの存在を俯瞰的に見つめることができるようになっていきます。

エゴの特徴は物語を作り出すことです。私たちが潜在的にもつ不安やおそれの影響を受けて、悲観的な物語を自動的に作り出してしまったり、現実には起こっていない未来の虚構を思い描くということが得意です。

では物語を作り出すことをやめよう！　とエゴの中で決意することはどうでしょうか？これも「物語をやめるという物語」を演じる自分が出てきます。これまた思い通りにならないと思うことの発生源になります。

そこで提案したいのが、浮かんでくる考えをただ「眺める続ける」ことです。眺めて眺めて、眺め続ける。どんな考えにもＯＫを出してみることの繰り返しです。これが何よりのスタートになります。

みなさんの頭の中に出てくることには良いも悪いもありません。ただそういう現象が起こっているだけです。受け入れきれないと思っても、そういう現象が起こっていることは否定しようがありません。出てきては消え、出てきては消えを繰り返していく実践を繰り返すと、頭の中が静かになっていきます。

思い浮かんでくることをコントロールすることはできません。これを魚川祐司氏は、

『仏教思想のゼロポイント』でこのように述べています。

つまり、私たちはふだん自分が「思いどおりに」振る舞っていると感じているが、実際のところは、その「思い」そのものが「私たちのもの」ではなくて、単に様々な条件にしたがって、心の中に「ふと浮かんできたもの」であるに過ぎない。(『仏教思想のゼロポイント』新潮社、二〇一五年)

思い通りにいかないものをコントロール(固定化)することができると思いながら過ごすのは、精神を消耗させます。私たちは思い通りの生活をしたいと望み、ケン・ウィルバー氏の語る水平移動を繰り返しますが、その時に思い通りにいかないことをコントロールしようとする自分が際限なく出てくるものだと思います。

私たちができるのはあくまで調整をしていくことで、調整の技術は上達させることができます。

このように語ると、生きている中でうまくいかないことをただ受け入れなくてはいけないのかと誤解されることもありますが、あくまでこれはマインドセットの話です。うまくいかないのであれば、うまくいくように調整していってみるのもOKで、調整しないのもOKです。努力することが否定されているわけでは決してありません。

2. 心（情動・感情）の扱い

怒り・憎しみ・妬みなど多くの感情があります。あなたは感情をどのようなものだと思っていますか？　煩わしいもの？　それとも何かを生み出すエネルギーになるものでしょうか？　人間が持つ根源的なものと答える人もいるかもしれません。

「感情的な人」という言葉を聞くと、多くの人がネガティブな印象を持つのではないかと思います。その背景にあるのは、「感情的＝良くない」という思考の前提です。

ビジネスの世界ではそれが顕著だと思います。ビジネス的にという表現が使われる時には、合理的に、感情的にならないという意味合いが含まれていますよね。そのような観念を共有してビジネスという現象を成り立たせているわけですから、感情表現をする人は疎ましく見られてしまうことが多いです。

現代においてトランジションの重要性について語っているジェレミー・ハンター氏は、「感情がロジカルな思考よりも劣っていることは近代に作られた思い込みだ」と指摘しています。私もこれには賛同します。その結果起こるのは、感情の抑圧です。

ここでは情動と感情という二つをあえて分けました。研究領域によって定義は異なりますが、ここでは原初的な快／不快の感覚のことを情動と呼び、それらに認知的な処理が行われた結果、私たちが意識化して認識するものを感情と呼びます。

ポジティブは良い、ネガティブは悪いという前提を手放そう

感情に対するポジティブ／ネガティブのカテゴライズはあくまで便宜的なものです。ネガティブな感情は多くの場合、抑圧される傾向にあります。抑圧している人に多いのが、自分が抑圧している感情を表に出している人を見ると、同じように抑圧するように働きかけてしまうことです。抑圧し、抑圧され、それが相互にやりとりされることで、感情を抑圧し合う関係性が周りに増えていくのです。

かといって逆に感情をぶちまければいいというわけでもありません。

感情が生じてきた時に、その波を受け取り、乗りこなし、自らの行動のエネルギーの源にしていくのです。ハンター氏は感情を「サーフ」するというサーフィンのメタファーで説明しています。感情は流れであり、縁起の中で立ち現れてきた現象です。その現象が起こっていることを受け取り、それを活かす方法を開拓する必要があります。

その感情はあってはならないと抑圧してしまうと、後々不自然な形で表出してきます。精神的に病んでしまったり、身体的な不調につながってしまいます。

感情を受け止める

それでは感情を受け止める方法ですが、まず感情にラベルを貼らないということが重要です。

流れとして生じているものは生じているものとして、どのような感情であってもよいのです。そのこと自体を否定することはできません。湧いてきているのに、「その感情が湧いてきていないんだ！」と言ってもしようがないことです。

自分が感情に支配されてしまいそうになった時には、深呼吸する習慣を持ってみるのもいいでしょう。その時の感情が一生持続するわけではありませんから、時間を置いてみると引いていきます。

ネガティブ（だとこれまで思っていた）感情には目を向けたくないと思ってしまうかもしれません。私もしょっちゅうそういう感情に出会います。しかし、それも湧いてきているのだから、できるのは受け取ることだけです。エゴはそこから目を背けようとしますが、ただ感情に意味をつけずに受け取ることで次のステップに進みます。

感情の流れの奥底に何を望んでいるのかを見つめる

それぞれの人の感情の出方にはパターンがあります。それは過去の経験の中で形成されています。

感情を受け止め、あるがまま、湧いてきていることを味わったあとには、何を切実に望んでいるのかを考えます。感情は本当に心から求めていることがあると知らせてくれるシグナルです。その想いが満たされていないことを知らせてくれています。無理だと決めつけて諦めてしまったことや、本心で望んでいることがないでしょうか。

本心で望んでいることが叶えられるとは全く限りませんが、それを自覚することがあらゆる場面において重要です。この想いを自覚すると、その時点で執着して手放すことができないもの・人・こと（との関係性）を手放すことができます。

人生の節目は本質的に感情が掻き立てられる時期になりやすいので、感情の扱い方を向上させていくと、人生の要所要所を乗り切っていくのに役立ちます。

3. 身体の扱い

意識・感情ときて、次は身体です。この身体の扱いもとても重要で、意識・感情に加えて私たちの根源的な想いにアプローチしていく時の重要なシグナルになってくれます。

身体反応の多くは言葉になりにくいものです。身体的に違和感があるという状態は、根源的な想いに気づくシグナルになります。たとえば、私の場合は仕事の締め切りが近づいていくと、背中全体が圧迫されているような感じが出てきます。それを放っておくと、意識ではまだ作業ができると思っていても、なんだかエネルギーが湧いてこないということが起こります。

身体がおのずから向かいたい方はどっちか?

重要なのは、身体がどちらへ向かおうとしているのかという問いです。エゴは身体のボスでありたいのですが、前述のとおり、心や身体感覚の相互作用の結果を、エゴは眺める存在でしかありません。私たちが意図して「こちらに向かうべき」と、頭でこしらえた方向ではなく、身体的に居心地の良い方向があります。

身体の感覚に意識を向けていきながら行動していくと、身体的行動が先で考えが後から付いてくるという現象が起きていきます。何か新しい場面に遭遇した時、私たちは過去の経験の中から形成されてきたパターンから、「これは危険だ!」というシグナルを感じることがあります。それは確かに危険を回避するための重要なものなのですが、このシグナルが出てきた時に、エゴはそれに従おうとします。不快な感覚を味わいたくないからです。

しかし、身体感覚に目を向けていくことを習慣にしていくと、おそれの感情はどうこう意味づけせずとも、ただの身体反応でしかないとわかっていきます。その身体反応を感情と同じく受け止めていきます。縁起の世界の中で、ただそういう現象が立ち現れてきているのです。するとおそれはひいていきます。おそれに動かされて、自分が調整不可能になることが少なくなっていきます。

弱さを受け入れると、それは魅力になっていく

苦しみを感じることを多くの人は隠します。それは抑圧するものであり、出したらいけないのだと思っている方々が多いようです。

しかし、実際はそれを受け入れることによって生き方が転換していく重要なトランジションのリソースです。

社会学者のブレネー・ブラウン氏は、弱さは創造力の源であると指摘しています。人の心に響く物語が生み出されるのは、かならずしも強さの誇示ではありません。弱さの開示と弱さの変容に人が心を動かされるのです。

多くの神話がそのような構造を持っています。主人公が最初から最強だと、共感する余地がありません。むしろ、さまざまな節目を迎え、仲間との離別や合流、敵との対峙、メンターとの出会いによって、主人公の内面が成長していきます。その成長の変化の体験に心が動く方も多いのではないでしょうか？

弱い自分を出してはいけないわけではありません。弱かろうが強かろうが、あるがまま

の自分でしかいられないのです。どうぞ、自分の中にあるすべてを活かしてみてください。

自信は自ずから流れることを信じること

自信という言葉がありますが、自分を信じるという意味で語る人が多いと思います。人間至上主義の視点に立つと、その定義には違和感がないはずです。信じるという行為は根拠もなく行われることです。二章では、聖地巡礼の旅でイスラエルのユダヤ教徒の信仰を目の当たりにした話をしましたが、彼らの様子は信じることの本質をあらわしていると感じました。

宗教の領域に限らず、信じるという行為は世の中に浸透しています。たとえば、スタートアップ企業において、社長の掲げるビジョンに共感する人が集まってくる様子を想像してください。最初の時点では、ビジョンは形になっていくまでその人たちの頭の中にしかありません。ですが、人間には現実に起こっていないものを信じる力があります。それを信じている人たちにとっては、それがありありと感じられる世界なのです。

スタートアップであろうが、宗教であろうが、日常生活であろうが、信じるという現象は至るところに見つけることができます。

私の中での自信という言葉の位置付けは、エゴが求める「こうありたい」という固定的な姿や理想的な自己イメージではなく、私という常に変化を続ける流れそのものに根拠なく信頼を置くことです。さらに、その私という存在は厳密に他のものと切り分けられる存在ではなく、全ての要素の連鎖の結果に現象として現れているに過ぎません。

葛藤は創造の源になりうる

さまざまな出来事に溢れた変化の時代を生きていく中で、内面の変化・トランジションは数多く起こります。トランジションの渦中では葛藤を経験することが多いです。この葛藤も味方につけていくことが可能です。精神科医の泉谷閑示氏は葛藤についてこのように定義しています。

葛藤というのは、意識の中に◯という気持ち、それと相容れない△という気持ちがあって、両者が対立したまま並存している状態です。もっと正確に言えば、◯という「頭由来の考え」と、△という「心由来の感情」が並存している。だから、スッキリしないで悶々としている。こういう状態を葛藤と言います。よく葛藤自体を病的なものだと考えてしまう人も多いのですが、葛藤している状態はむしろ、健康な状態なのです。（中略）しかし、とかく人間はどうにかしてスッキリしたいものだから、この一方を埋めて葛藤を解決したいと思う。するとたいていの場合、頭由来の考え◯が、心由来の感情△を埋めることになるのです。△は抑圧されて、これで意識上は◯だけ

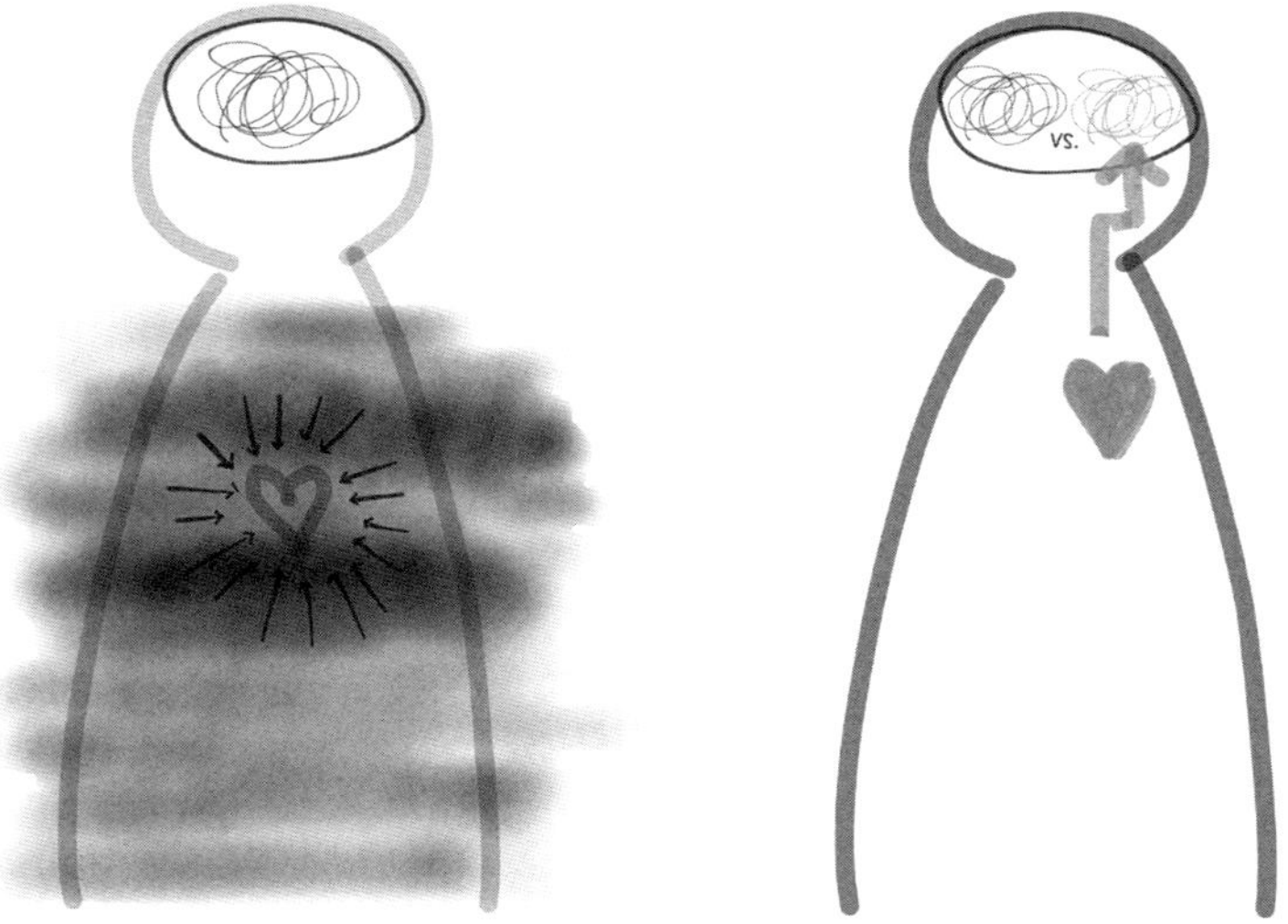

の天下になるわけです。見かけ上、本人はスッキリして葛藤はなくなります。しかしその代わり、△が抑圧されていますから、これが我慢して黙っているうちはよいけれども、そのうちに反発して動き出します。（中略）治療としては、抑圧されているものを葛藤レベルまで持ち上げていってあげれば十分に意味のあることになります。よくクライアントの方は「治ったら、スッキリして悩みもなくなって、きっと楽になるはずだ」と考えがちですが、実際は、あるべき悩みを悩むようになる。それが「治る」ということなのです。

（『「普通がいい」という病』講談社現代新書、二〇〇六年、二七―二九頁）

垂直的トランジションが起こっていくと、どんどん感情や身体反応の受容が起こっていきます。すると泉谷さんが指摘するように、もともと意識の中で認知することができていた欲求だけではなく、心（情動・感情）や身体を通した無意識の欲求も顕在化していきます。

まずは葛藤を安易に無きものにすることではなく、葛藤している自分自身の受容から始めます。受け入れきれない自分が出てきてもそれ自体もOKです。次にエゴの中に出てくる欲求はただ眺めていきラベリングや意味づけせずに観察します。より根源的な満たされない欲求が表出した時には、その欲求が晴らされていくのを行動する中で手伝っていきます。

心の奥底に抑圧されていたことが表出して起こる葛藤は、人生をドラマチックに変えていく力を持っています。

葛藤をしているから助けを求めることができるかもしれません。そうすると人とのつながりを紡ぐ価値を葛藤することが生み出したことになります。また、家庭内で葛藤しているとしましょう。ここでも葛藤しているからこそ、家族の中のよりしっくりくるあり方を模索することができるかもしれません。葛藤していることが、起業することや活動の火種になるかもしれません。

生命とは

生物学者の福岡伸一氏は生命についての重要な視点を授けてくれます。

つまり、環境は常に私たちの身体の中を通り抜けている。いや「通り抜ける」という表現も正確ではない。なぜなら、そこには分子が「通り過ぎる」べき容れ物があったわけではなく、ここで容れ物と呼んでいる私たちの身体自体も「通り過ぎつつある」分子が、一時的に形作っているにすぎないからである。つまりそこにあるのは、流れそのものでしかない。その流れの中で、私たちの身体は変わりつつ、かろうじて一定の状態を保っている。その流れ自体が「生きている」ということなのである。シェーンハイマーは、この生命の特異的なありようをダイナミックステイト（動的な状態）と呼んだ。私はこの概念をさらに拡張し、生命の均衡の重要性をより強調するため「動的平衡」と訳したい。（中略）ここで私たちは改めて「生命とは何か？」という問いに答えることができる。「生命とは動的平衡にあるシステムである」という回答である。（『動的平衡──生命はなぜそこに宿るのか』木楽舎、二〇〇九年、二三一頁）

私は先ほど取り上げた葛藤は心理的に起こる動的平衡の現れの一つだと考えています。その葛藤を感じるということ自体が、生きている実感を象徴するものです。葛藤をなくすのではなく、それを活かしていくという視座の転換が起これば、より豊かに人生という流れを生き生きと流れていく人になっていくのではないかと思う次第です。

自分の世界認識の構造は、自分自身が持つ内的構造を反映したもの

ここまでは内面の世界の扱い方について書いてきました。ただ私という存在は他の事象から完全に切り分けることができない流れですから、内の世界を扱うことは本質的に外の世界を扱うことでもあります。

トランジションが起こっていく時には、あえて分けると、自分の内的世界と周りの世界の両方が連動しながら変化していきます。これまで書いていたのは内面への目の向け方でしたが、それを外の世界を見ることで内面の理解を深めることができます。

たとえば、すごく気になってしまうことや感情的に反応してしまうことってありませんか？　私の場合は、それが「後継者問題」です。このことに関しては冷静でいられなくな

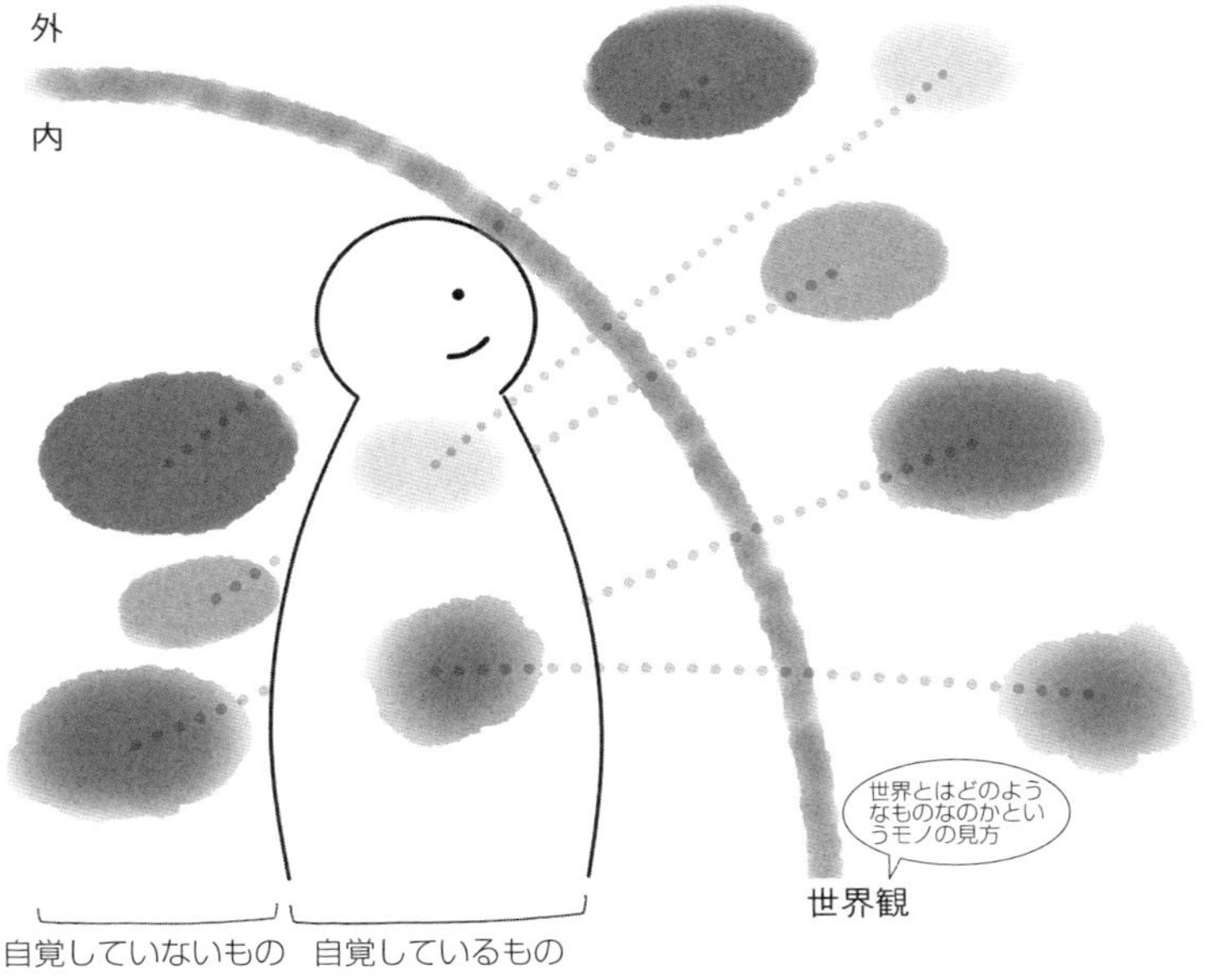

ることがあります。これまで蓄積してきた経験の中で形成された思考のパターン・身体のパターン・感情のパターンが状況の中でわっと湧き出します。

ほかの人には、私が後継者の話をしている時には「顔がこわばるね」と言われたり、「声色が変わるね」と言われたりします。ついついそんな反応が出てしまいます。

このサインがよく出てしまうフィールドこそ、自分の内面を探求していくチャンスにあふれたフィールドで、取り組みがいのある領域なのではないかと考えています。

多くの場合、自分がこだわっている考えを捨てることができなかったり、これは絶対に正しいと思い込んでいたりすると、ついつい世界（他の要素の集合）に自覚なく反応してしまいます。

外の世界をどのように見るのかということが、世界観（世界を観る方法）です。「世界観がある」という表現を使いますが、どんな人でも「世界とはこういうものだ」という観点を持っています。特別な人だけが持っているわけではありません。世界は、自分というフィルターを通して見た世界でしかなく、私たちが体験しているのは一人一人が別個の世界でもあると言えそうです。

手放そうとしても出てくるしつこいエゴを解消しようと動いてみる

起業家やアーティストなどとお話ししてきた中で、エネルギーが枯渇せず創作活動を行い続けている人たちに共通する点を見つけました。切実さを大事にしていることです。

それは、どうしても手放すことができないエゴを真正面から扱おうとすることだと思います。自分の内的な世界の中で、特に人生をかけて取り組んでいく価値があるものは、どうしてもこびりついたように解消されないものであることが多くあります。これを原体験という言葉で表現する方もいますが、この原体験に固執していくのではなく、それを解消するように動いていくことがおすすめです。

子どもの頃から何度も無意識に思考が繰り返されたものは、すぐにそのクセがなくなるわけではありません。何度も何度も私たちが体験する今の瞬間に表出し続けます。その表出するクセは良い悪いではなく、ただただ受け入れていくことしかできません。しかし、それに対して反抗していきたくなるのが人間の性です。抵抗を続けていると苦しさは大きくなります。

私は精神的な成熟が起こっていくような取り組みは、取り組みを通して自分という存在に何度も出てくるエゴを昇華させていくことで起こっていくのではないかという仮説を持っています。私に相談に来る方々の中でも、目覚ましい変容を遂げていく方々は、自分の中の向き合うべきエゴの現象から目を背けなくなっていきます。

そのようなものがあるのは財産です。ここまではエゴを手放していくものとして説明してきましたが、物語から物語へと移っていく水平的トランジションにおいては、エゴはそれを促進するエネルギー源にもなります。

ただ、エゴの源を特定していっても、それに呑まれていくと、むしろ肥大化していってしまいます。エゴの扱いに長けたお坊さんや、すでに同じ領域でエゴを昇華させていった先輩をメンターにつけるのがおすすめです。

ちなみに、一八年一二月にエヌエヌ生命とＮＰＯ法人・ETIC. とＮＰＯ法人農家のこせがれネットワークが共同で立ち上げた家業イベノーション・ラボのイベントに登壇した際、ETIC.の方と打ち上げで話をしていて、とても面白いことを聞きました。起業家が本質的に社会が豊かになる事業を作り出していく際に、同じようにここで話してきたエゴの扱いが重要になるということです。

そのエゴが昇華されるトランジションポイントはそれぞれ起業家で違い、必要なタイミングで介入しないと、その人はエゴについてのフィードバックを受け入れられないという趣旨のことを話されていました。エゴを昇華していった先輩の経営者の方の適切な介入があると、そのエゴのあり方に気づきやすくなり、本質的な経営のあり方を作っていけるということです。

このように、エゴの昇華という現象は宗教の領域だけではなく、経営の領域などでも起こっていく可能性があります。宗教領域の修行を必ずしもやらないといけないわけではありません。それぞれの垂直的トランジションの実践法が生まれていくと嬉しく思います。

内側の世界と外側のリアルな世界をつなぐ活動指針、自他の抜苦与楽

本質的にエゴに向き合っていくと、自分のためだけでなく、他の人に自己犠牲で貢献するのでもない第三の道が見えてきます。

何度か出てきましたが、「自他の抜苦与楽」という言葉があります。自他は自分と他人。

抜苦与楽は苦を抜いて、楽を与えるという意味です。自身のトランジションは常に自他の流れのバランスの中で進行していくものです。エゴの扱いを行っていく時には、この抜苦与楽を指針として持っておくとよいでしょう。

自分の抜苦与楽を追求しようとしていくと、逆に周りとの人間関係がうまくいかなくなり、自分の苦しさを増やしてしまうことがあります。逆に周りの人のためにと自分のことを全く省みないと、疲弊してしまい、エネルギーが出なくなってしまう燃え尽き症候群になってしまうこともあります。

その両方のバランスを取った形が自他の抜苦与楽です。四章で松本さんは「そもそも自も他もない」とおっしゃっていました。

全ての人間関係を切って、自分自身の探求だけに時間を使う人はむしろ珍しいと思いますので、関係性の中で行うことができる実践を続けていくのがよりよいかと思います。人生、これさえあれば安泰ということはありません。どんなに有用だと思っている技術であっても一生食べていけるわけではありません。人間関係も変わり続けます。住むところも変わるかもしれません。そもそも変わっていくのが本来だから、変わっていってしまうという現実を受け入れていくと、その時その時にバランスを取って生きていくしかないかと思います。

その際にぜひ自他の抜苦与楽を意識してみてはどうでしょうか？　エゴの扱いで苦労し

ている人はとても多いものです。おそれなく生きたい方々はたくさんいるはずで、自分が楽になっていく現象を周りの人が苦しまず、楽になっていく流れにしていくことが可能です。

社会のトランジションを誘発する

世の中では、社会はどう変わっていくのかということがしきりに議論されています。しかし、忘れるべきではないことは、社会は個人が集まって形成しているということです。個人のトランジションが起こっていくと、それは周りに影響します。周囲の社会のパターンも変わりうる変化が起こっていくきっかけになります。

ほっといてもこれまで継続してきたことを繰り返してしまうという人間の持続性と、そもそもが変化をし続けている自然の移り変わりのリズムのあいだで、葛藤が生まれます。

一般社団法人 INNO-Lab International 共同代表、慶應義塾大学大学院特別招聘准教授の井上英之さんは、「私」と社会の関わりについて、ソーシャルイノベーションの現代の潮流を踏まえた上でこのように発言しています。

> 私であって私ではない、だから動き続けることができる。そうやって動くことで、個々が深く有機的につながってコレクティブに変容が起きていく。この独自性は維持されたまま、全体としての変化が進行していく。(『DIAMOND ハーバード・ビジネス・レビュー』二〇一九年二月号、二八頁)

また「私」についてこのように語っています。

戦後、多くの企業が経済成長を果たす過程において、従業員の個性や多様性を消し、標準化して部品のように扱うことでスケールしてきた。たしかに、その恩恵もあったが、前述の通り、変化の大きな社会で必要なのは、個であり、「私」である。そのために個を際立たせ、多様な「私」を受容し、時に敵対する立場の者とともに協働する力こそが企業には求められる。そのためには、自分への理解や自己受容を通じ、個を発揮する組織や企業文化をつくることだ。他者への理解を深め、世界の理解へとつなげていくことで、新たな市場の創出やイノベーションが導けると、確信している。（同上、同頁）

井上さんは、個人の内面の世界の話に限らず、社会における企業の役割やイノベーションについて語っています。井上さんの発言は、「私」という存在を深めていった先に、社会へと影響していく可能性が語られています。

垂直的トランジションが起こっていく過程は自分自身の中で閉じることはありません。その先に流れの中で関わる人たちの抜苦与楽が起こっていく一つの要素になっていくことができます。

垂直的トランジションが当たり前のように起きていく世界へ

我慢をし個性を抑えることを美徳としてきた日本社会でも、現代では個性を発揮して生きていく人たちが目立ってきている印象があります。インフルエンサーという人たちは、その最たるものでしょう。

本書では、そのような流れを受けて、昔は良かったと過去に立ち戻るのではなく、我慢をせず、個性的であらねばいけないという呪縛も脱し、エゴを手放し続けながら生きることを薦めます。エゴに翻弄され、一人相撲を行って消耗する世界ではなく、エゴを受け取り、手放しながら、関係性の海の中でバランスをとりながら本質的な可能性を体現していく人たちの流れが生まれていくでしょう。

持続可能な社会の形成という話題では、最近よくSDGsという言葉を聞くようになりました。SDGsは、二〇一五年九月の国連サミットで採択されたもので、国連加盟一九三カ国が二〇一六年〜二〇三〇年の一五年間で達成するために掲げられています。貧困に終止符を打ち、地球を保護し、すべての人が平和と豊かさを享受できるようにすることを目指す普遍的な行動である持続可能な開発目標です。

この例を別にしても、持続可能な社会への移行の流れを見せる中で、今の二〇代には持続可能なライフスタイルを築こうという流れが高まってきています。五章の冒頭で述べたトランジション・デザインもその流れの一つだとみなせます。

持続可能な社会への移行について、日本を代表する青年僧組織「全日本仏教青年会」理事長の倉島隆行氏はForbsからのインタビューで、このように語っています。

若い世代を中心に消費のスタイルが変わってきていますよね。シェアリングエコノミーが注目されて久しいですし、高価なブランドに憧れを抱くのではなく、オーガニックやヨガ、瞑想、マインドフルネスに注目が集まっています。単純な消費で満たされる世界ではない、とみんなが思い始めています。

自分の食べているものや着ているものが、どのような想いから、どのように生み出されたのか。その本質に目を向けて、より持続可能なライフスタイルを築こうという流れが高まっています。

今の時代の若い人たちは利他的で意識が高く、大きな視点で物事を捉えていると感じます。ボランティアをする人もどんどん増えていますし、寄付市場も伸びています。まさに施しあう、支え合う時代になってきましたね。

経済成長一辺倒で理想を掲げるのが良しとされてきた世界観に代わるものとして、エゴを手放し、内的な豊かさを求める人が増えているのかもしれません。

先ほども引用した福岡伸一氏は持続可能であるということに関して、生命の話に合わせて次のように語っています。

そして、ここにはもう一つの重要な啓示がある。それは可変的でサスティナブルを特徴とする生命というシステムは、その物質的構造基盤、つまり構成分子そのものに依存しているのではなく、その流れがもたらす「効果」であるということだ。生命現象とは構造ではなく「効果」なのである。サスティナブルであることを考えるとき、これは多くのことを示唆してくれる。サスティナブルなものは常に動いている。その動きは「流れ」、もしくは環境との大循環の輪の中にある。サスティナブルは流れながらも環境との間に一定の動的平衡状態を保っている。一輪車に乗ってバランスを保つときのように、むしろ小刻みに動いているからこそ、平衡を維持できるのだ。サスティナブルは、動きながら常に分解と再生を繰り返し、自分を作り替えている。それゆえに環境の変化に適応でき、また自分の傷を癒すことができる。このように考えると、サスティナブルであることとは、何かを物質的・制度的に保存したり、死守したりすることではないのがおのずと知れる。サスティナブルなものは、一見、不変のように見えて、実は常に動きながら平衡を保ち、かつわずかながら変化し続けている。その軌跡と運動のあり方を、ずっとあとになって「進化」と呼べることに、私たちは気づくのだ。(『動的平衡――生命はなぜそこに宿るのか』木楽舎、二〇〇九年、二三一頁)

私たちは一人一人が生命の流れを継ぐ存在として、今の瞬間を活かして生きていけるのでしょう。「私」という存在は流れであり、自分の内に起こるあらゆる現象を受け止め、それを活かして生きることで、生命的で持続可能な生き方を体現できるのではないかと思います。

自力から他力へのトランジション

自分の人生を充実させるために努力を重ね、理想的な自分になろうと努力している同世代の方々は素晴らしいと思っています。心から応援したいです。ただ、どうにもこうにも幸福も豊かさも手に入らず、その理由が分からない時、エゴの働きが良すぎることが要因になっているかもしれません。

垂直的トランジションは自力から他力の世界へとシフトしていくことでもあります。仏教哲学者・鈴木大拙氏は自力と他力について次のように述べています。

自力というのは、自分が意識して、自分が努力する。他力は、この自分がする努力は、もうこれ以上できぬというところに働いてくる。他力は自力を尽くしたところに出てくる。窮すれば通ずるというのもこれである。意識して努力の極点に及ぶというと、もうこれ以上はできぬと思うところがある。ここを突破する、いわゆる百尺竿頭一歩を進めるというか、とにかく一歩を踏み出すというと、ここに別天地がひらけてくる。そこに自分の意識していなかった力が働き出る。(『禅とは何か』春秋社、二〇〇

一年）

持続可能な社会の前提にあるのは持続可能な個人を志向する人が増えることだと思います。その個人にとって取りうる選択肢の一つが仏教の智慧を活かすことなのではないかと思います。

これは宗教的物語の信仰というよりも、仏教の智慧が実際に私たちの人生に活きるのかを確かめてみる実証実験です。少しでも多くの方が垂直的な世界の探求を深め、おそれなき世界を生きていけるように祈っております。

さいごに――読んでくれた皆さんへ

ここまで読んでいただき心より感謝いたします。このトランジションの本は、共著者の松本紹圭さんとの出会いやその他の方々との出会いを始めとした縁起の流れの中で、たまたま私が書くことになったものに過ぎません。皆さんとのご縁がなければ、本を書く機会をいただくことはありませんでした。本当にありがとうございます。

この本を書くにあたって、これまでの人生を思い出しました。お寺に生まれ、「継ぐの？」という言葉に苦しみ続けた子供時代。学校で、職場で、人付き合いの中で何度も社会システムに適応していくことに難しさを感じてきました。鳥籠という名の牢獄に入れられている鳥が外の世界に出ることを望むように、いつの間にか自分の中で作り上げてしまった心の牢獄から出たいと思い続けてきました。ずっとそのようなものを飼ってきたので、今でもよく何かにとらわれていますが、少しずつ楽に、身軽になってきているように思います。

もっと早くに意識の扱い方や手放し方、さらには身体的な直感に身を委ねる技術を知っていればよかったと切に思います。これは才能ではなく技術です。予想もつかない人生を受け入れ、起こってくることを活かして生きていくことは学習できることだと信じています。

最後に皆さんにお伝えしたいことがあります。社会問題にあふれた世界ですが、私たちそれぞれが抑圧してしまっているものを解き放っていくことで、皆さんの周りからおのずと健やかな変化を起こしていきませんか？　これを読んできてくださった一人一人にしか出せない色があって、それは「らしさ」という言葉に到底おさまらないような宝物なのだと思います。そこから生まれてくる物語を楽しみにしています。どの物語も尊く、かけがえがなく、豊かなものです。私は葛藤しながらも生きているあなたを心から応援しています。

あなたがこの本を手に取ってくれていなかったら、この本があなたとのご縁を紡ぐこともできませんでした。この本を活かしてくださり、心より感謝いたします。

令和の時代に、皆さんの美しい心が集まりながら、健やかで創造的な文化が生まれ、育まれていくことを祈りながら終わりにしたいと思います。あなたとあなたの周りの人たちに脈々と流れるいのちが生き生きと活かされていきますように。

二〇一九年四月三日
暖かな光が差し込む東京のとあるカフェにて

三浦祥敬

◎著者略歴

松本紹圭（まつもと・しょうけい）
1979年北海道生まれ。東京神谷町・光明寺僧侶。未来の住職塾塾長。世界経済フォーラム（ダボス会議）Young Global Leader。武蔵野大学客員准教授。東京大学文学部哲学科卒。2010年、ロータリー財団国際親善奨学生としてインド商科大学院（ISB）でMBA 取得。2012年、住職向けのお寺経営塾「未来の住職塾」を開講し、7年間で600名以上の宗派や地域を超えた若手僧侶の卒業生を輩出。『お坊さんが教える心が整う掃除の本』（ディスカバートゥエンティワン）他、著書多数。朝掃除の会「Temple Morning」の情報はツイッター（@shoukeim）にて。

三浦祥敬（みうら・よしたか）
1991年佐賀のお寺生まれ。京都大学総合人間学部卒。持続可能な世界へのトランジション（移り変わり）をリサーチするインデペンデント・リサーチャー。特に人の内面の世界が移り変わることへの興味から、内的なトランジションをサポートする1on1セッションの実施やプログラムの実施、哲学をはじめとした領域とのコラボレーションをおこなう。また伝統領域の活性化を通した文化のアップデートを促すためのご縁作りや企画づくりも実施している。（ツイッターアカウントは@shokei_612）

トランジション――何があっても生きていける方法

2019年5月30日　第1刷発行

著　者　松本紹圭・三浦祥敬
発行者　神田　明
発行所　株式会社春秋社
〒101-0021　東京都千代田区外神田2-18-6
電話　03-3255-9611
振替　00180-6-24861
http://www.shunjusha.co.jp/
印刷所　株式会社太平印刷社
製本所　ナショナル製本協同組合
装　丁　野津明子

ISBN 978-4-393-33369-3
定価はカバー等に表示してあります